AVES
DE LAS
AMÉRICAS

GUÍA DE IDENTIFICACIÓN

AVES
DE LAS
AMÉRICAS

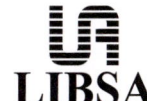

LIBSA

© 2025, Editorial LIBSA
C/ Puerto de Navacerrada, 88
28935 Móstoles. Madrid
Tel. (34) 91 657 25 80
e-mail: libsa@libsa.es
www.libsa.es

ISBN: 978-84-662-4459-6

Derechos exclusivos de edición para
todos los países de habla española.

Traducción: Alberto Jiménez García

Título original: *Birds of the Americas*

© MMXXII, Amber Books Ltd.

DL: M-2741-2025

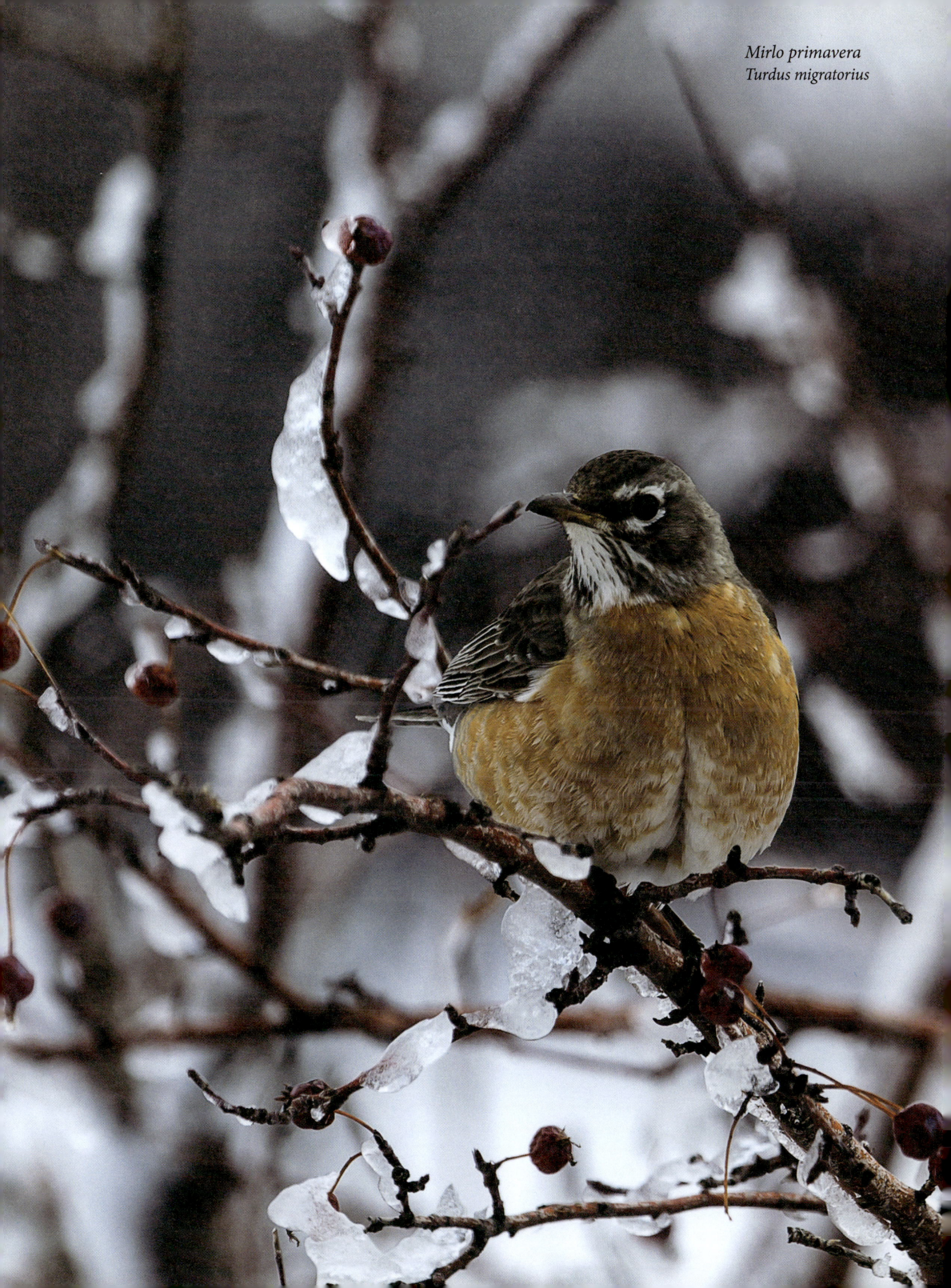

Mirlo primavera
Turdus migratorius

Contenido

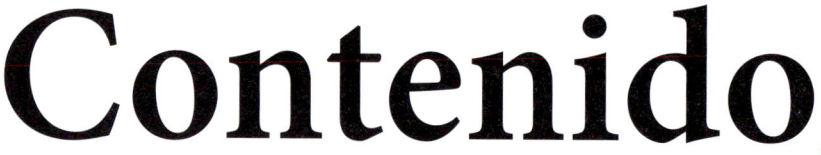

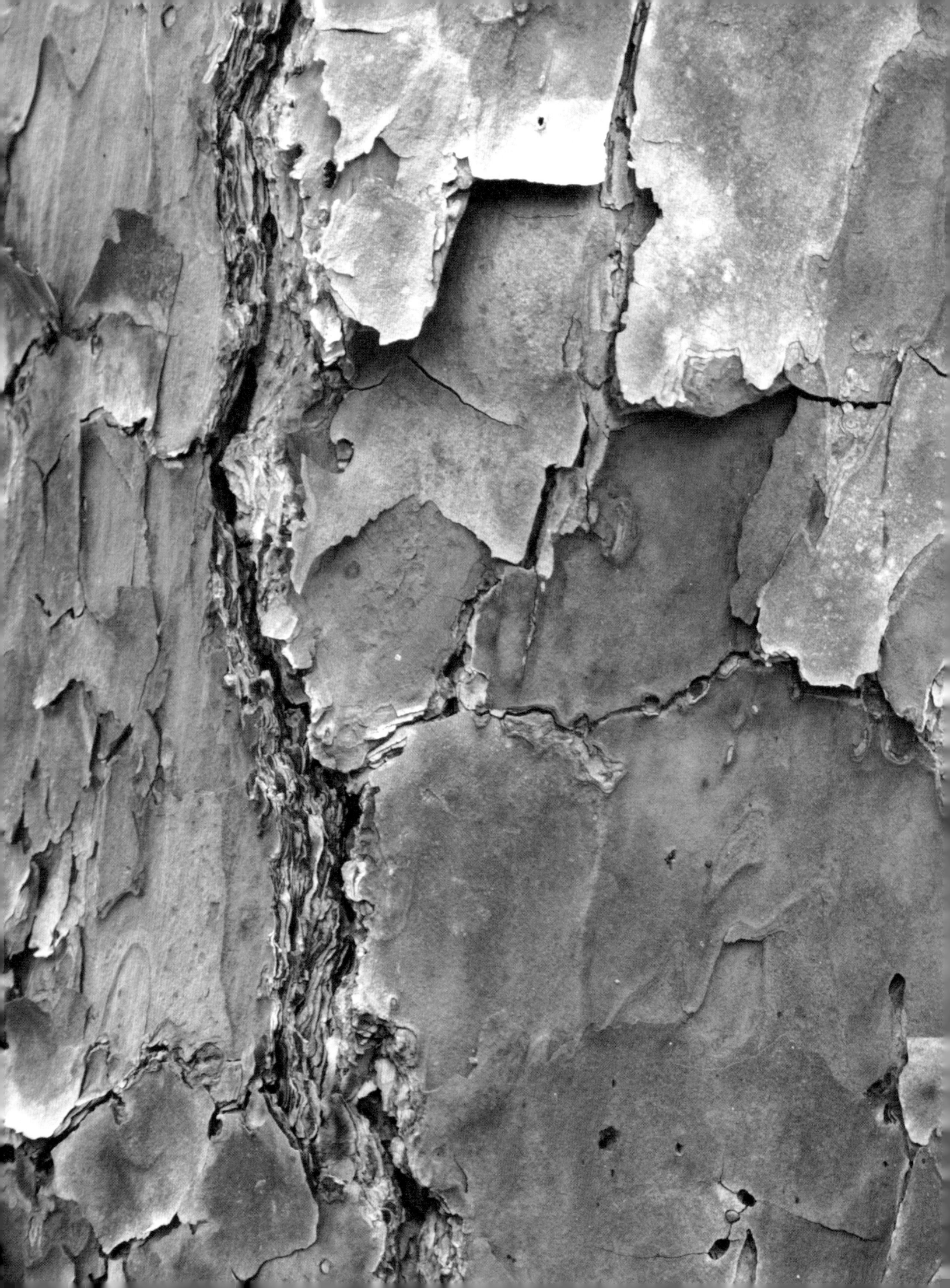

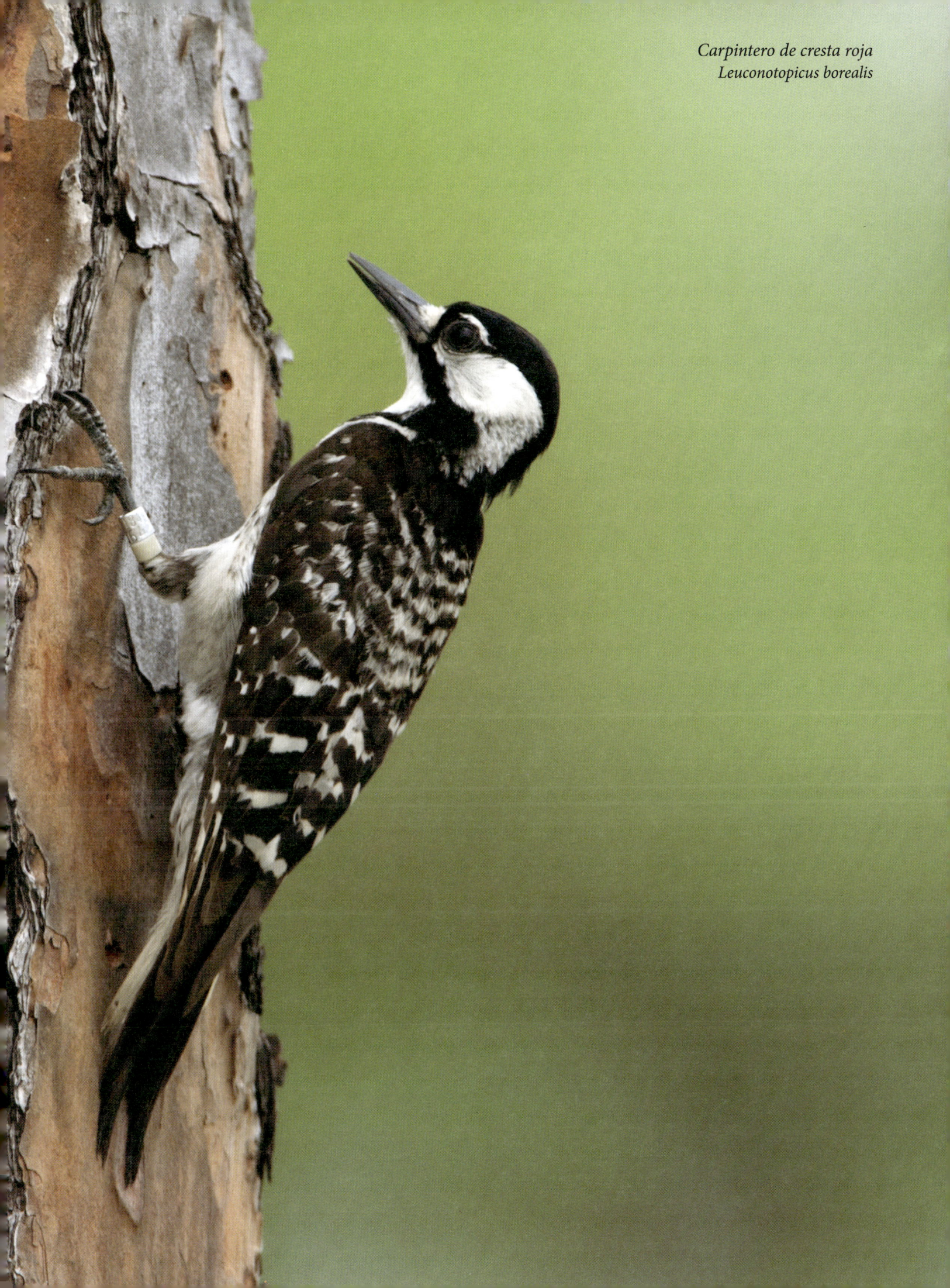

Carpintero de cresta roja
Leuconotopicus borealis

Pato joyuyo

Muchos ornitólogos consideran a estos coloridos patos de los pantanos americanos una de las especies de aves acuáticas más bellas.

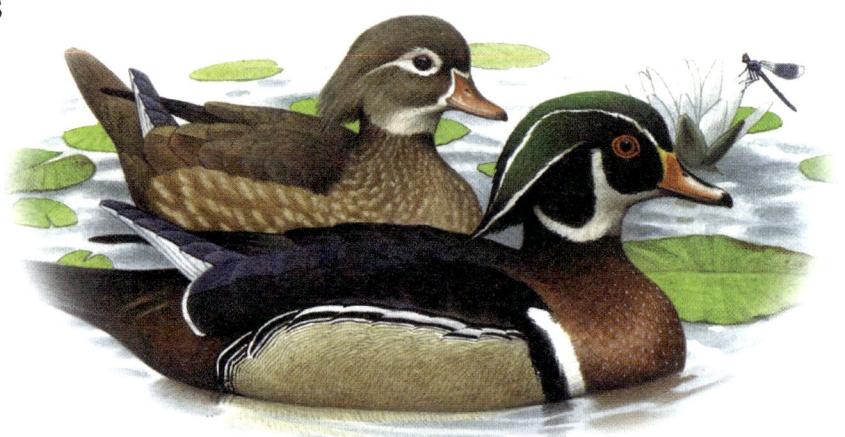

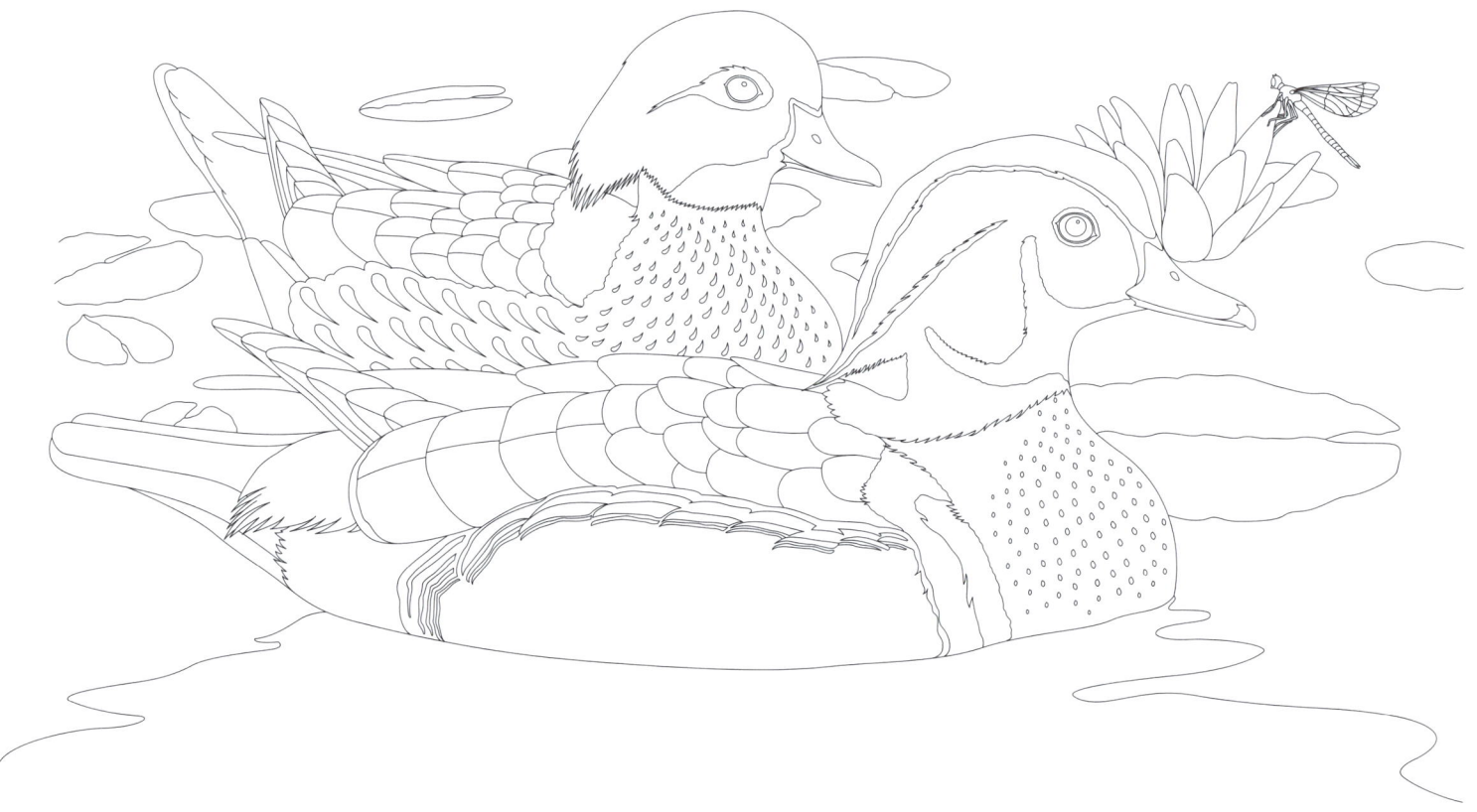

Pato golondrino

Con su cuerpo esbelto, su cola alargada y sus diestras acrobacias aéreas, el elegante pato golondrino –o ánade rabudo– es conocido a menudo como «el galgo del aire».

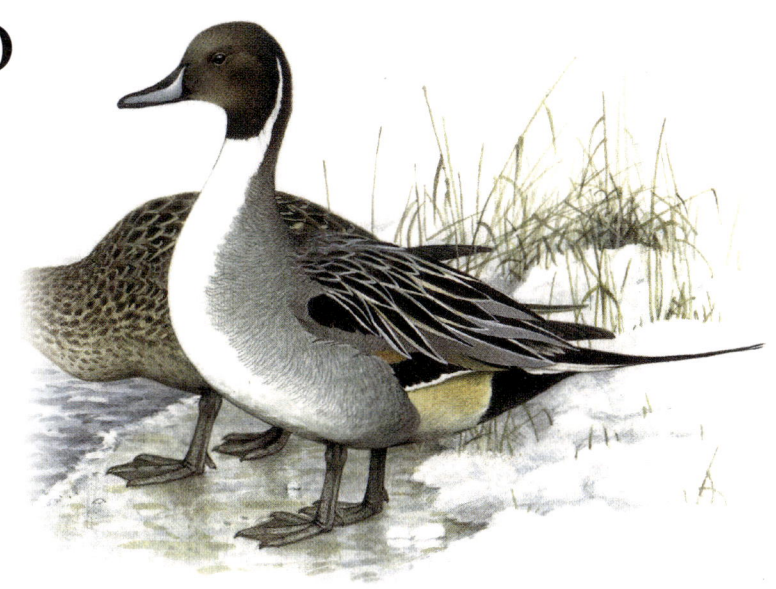

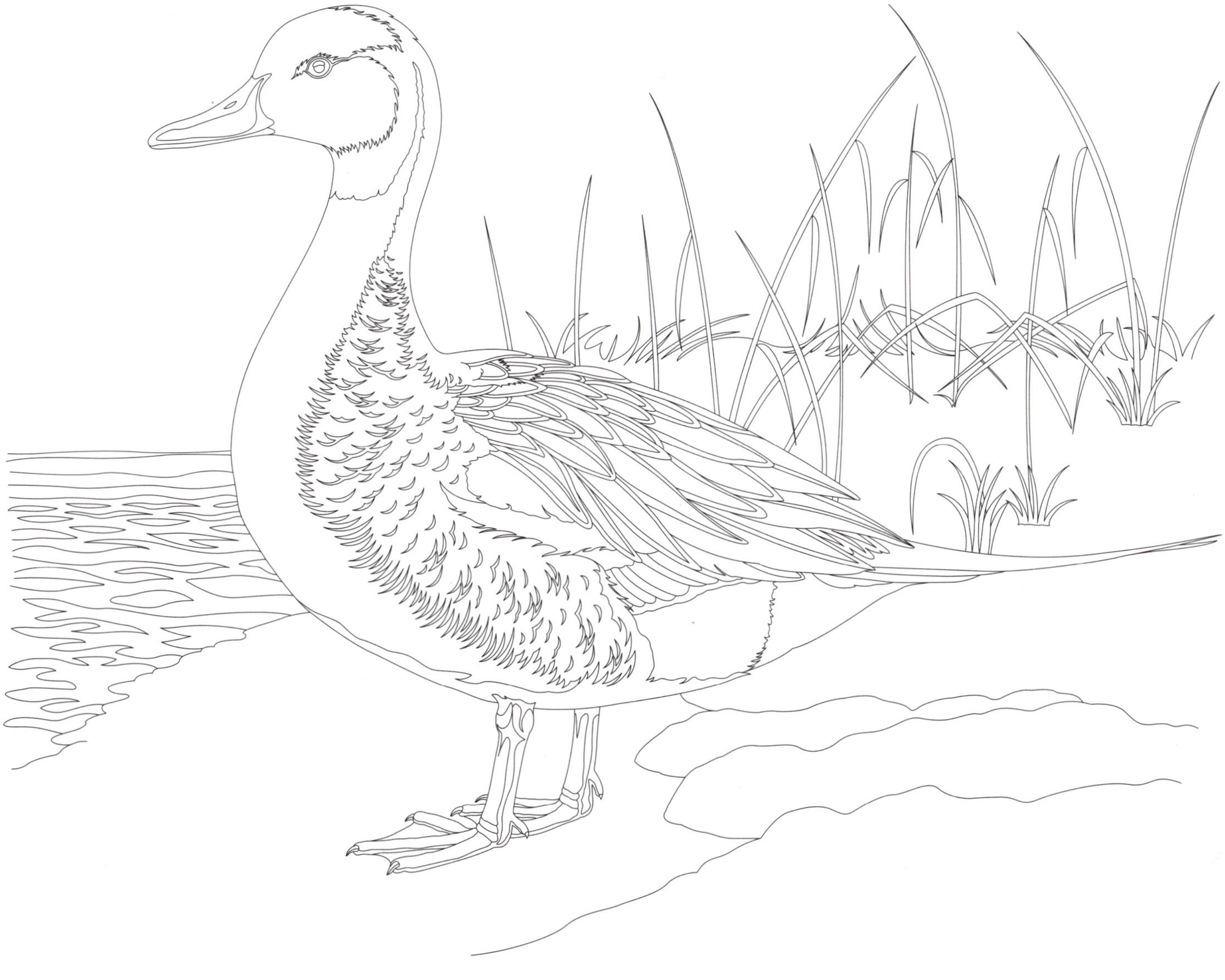

Pato cuchara

Los patos cuchara reciben su
nombre por su singular pico,
grande y con forma de espátula.
La hembra es de color parduzco,
mientras que el macho tiene la
cabeza de color verde.

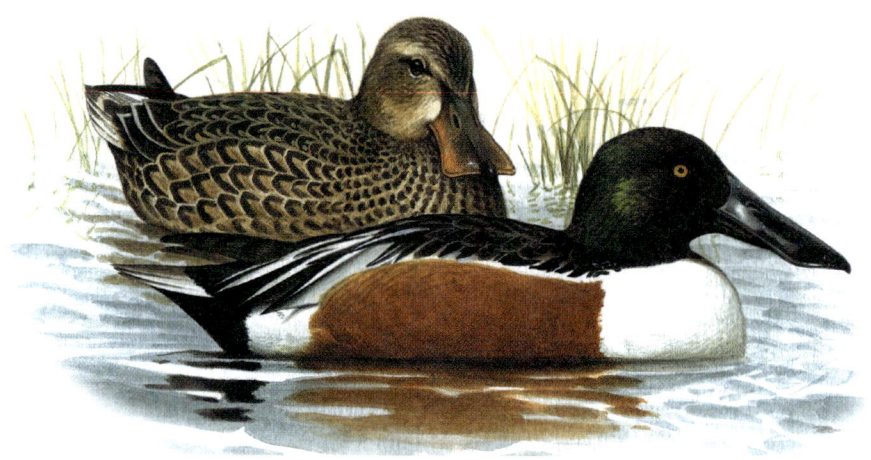

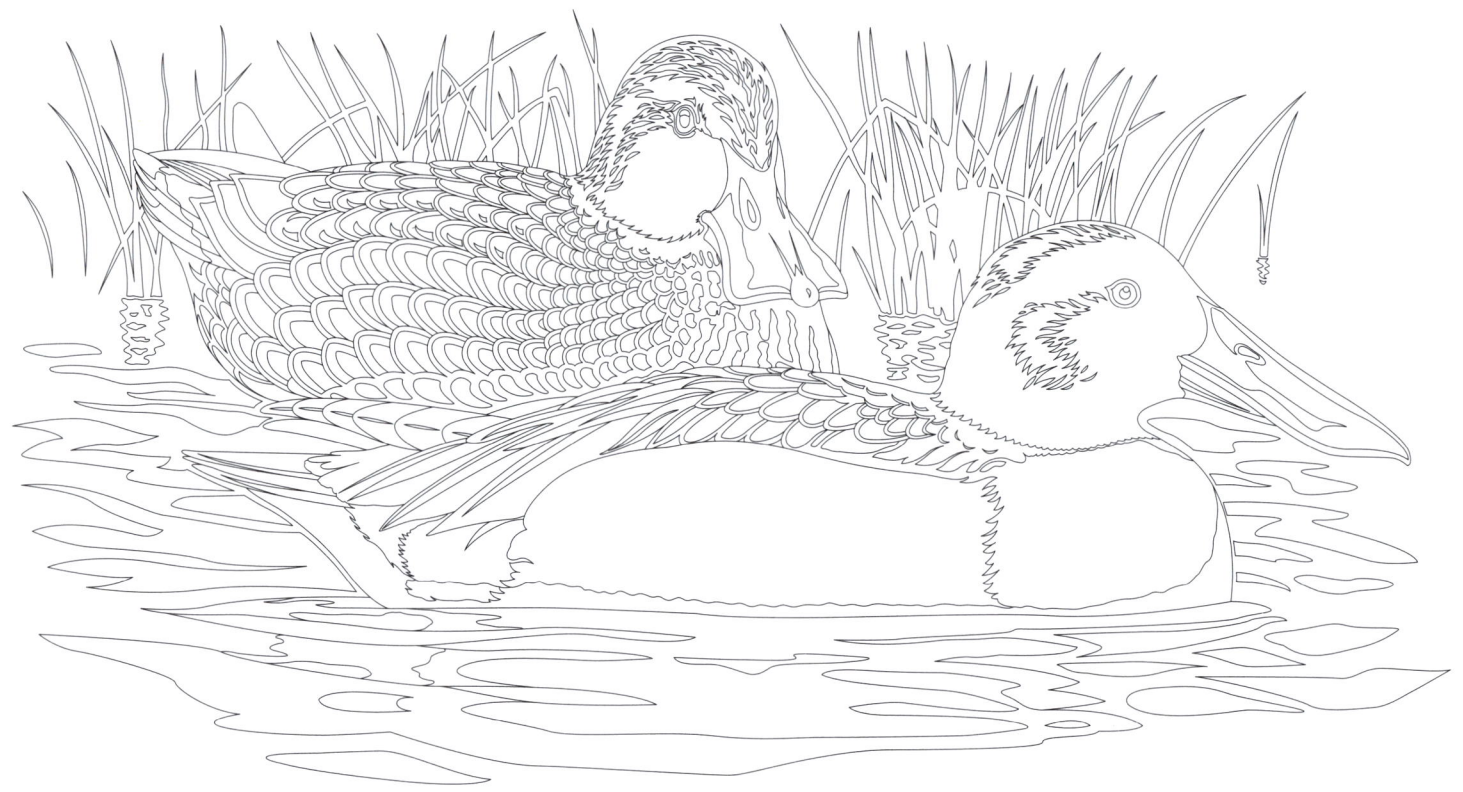

Ánade real

Con su caminar bamboleante y su famoso «cuac», los ánades reales son probablemente la especie de pato más conocida y emblemática.

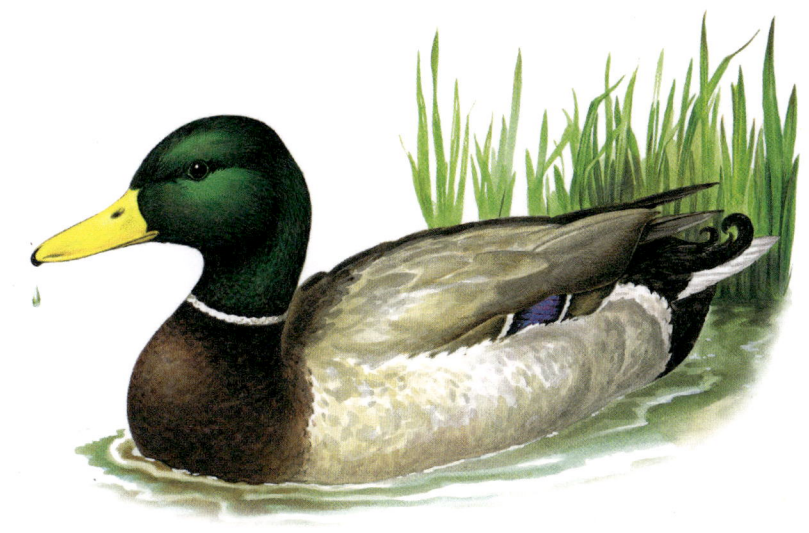

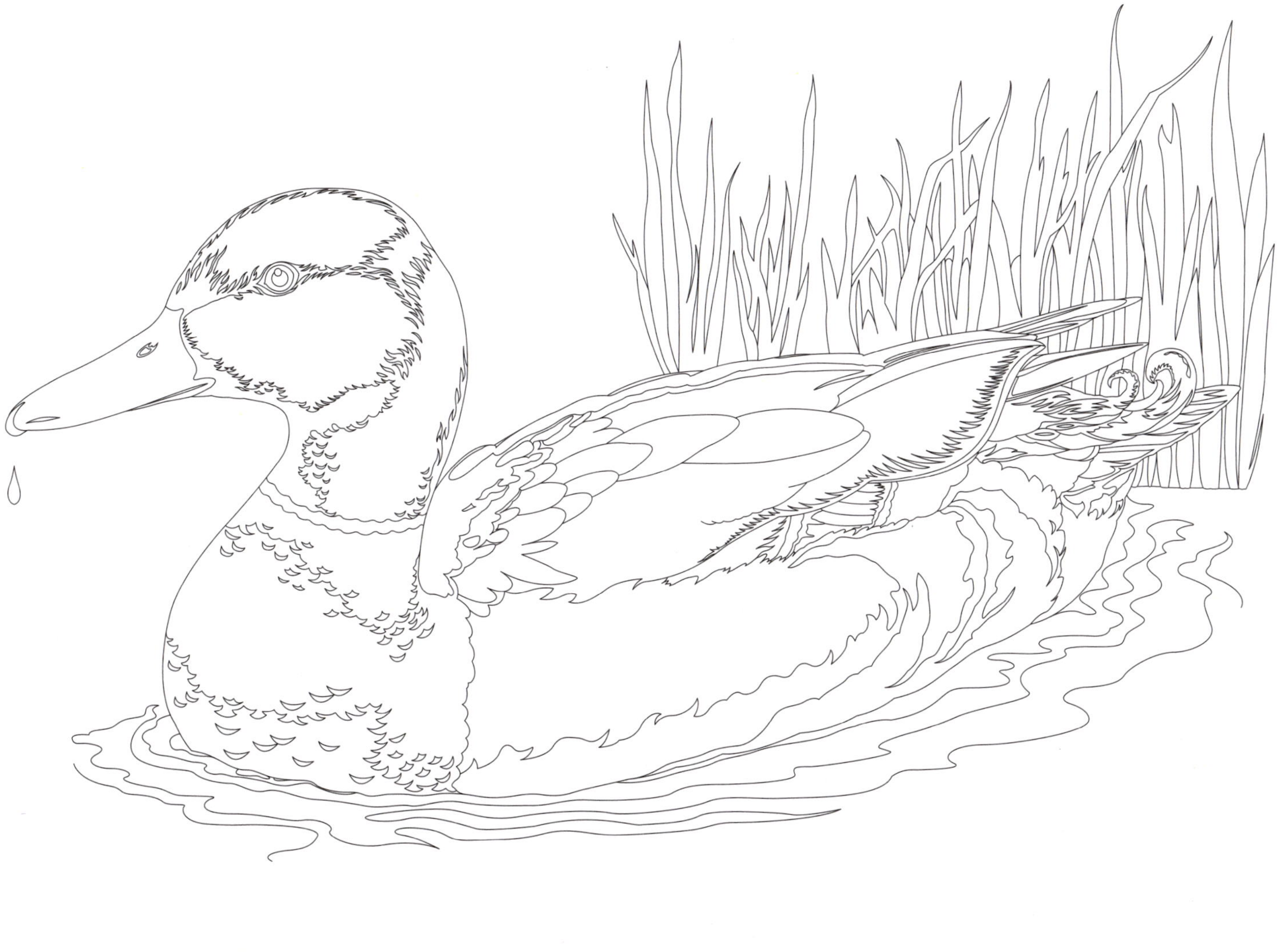

Ganso nival

El ganso nival es un ave con dos subespecies, que se diferencian entre sí por su tamaño, y que crían en el lejano Ártico.

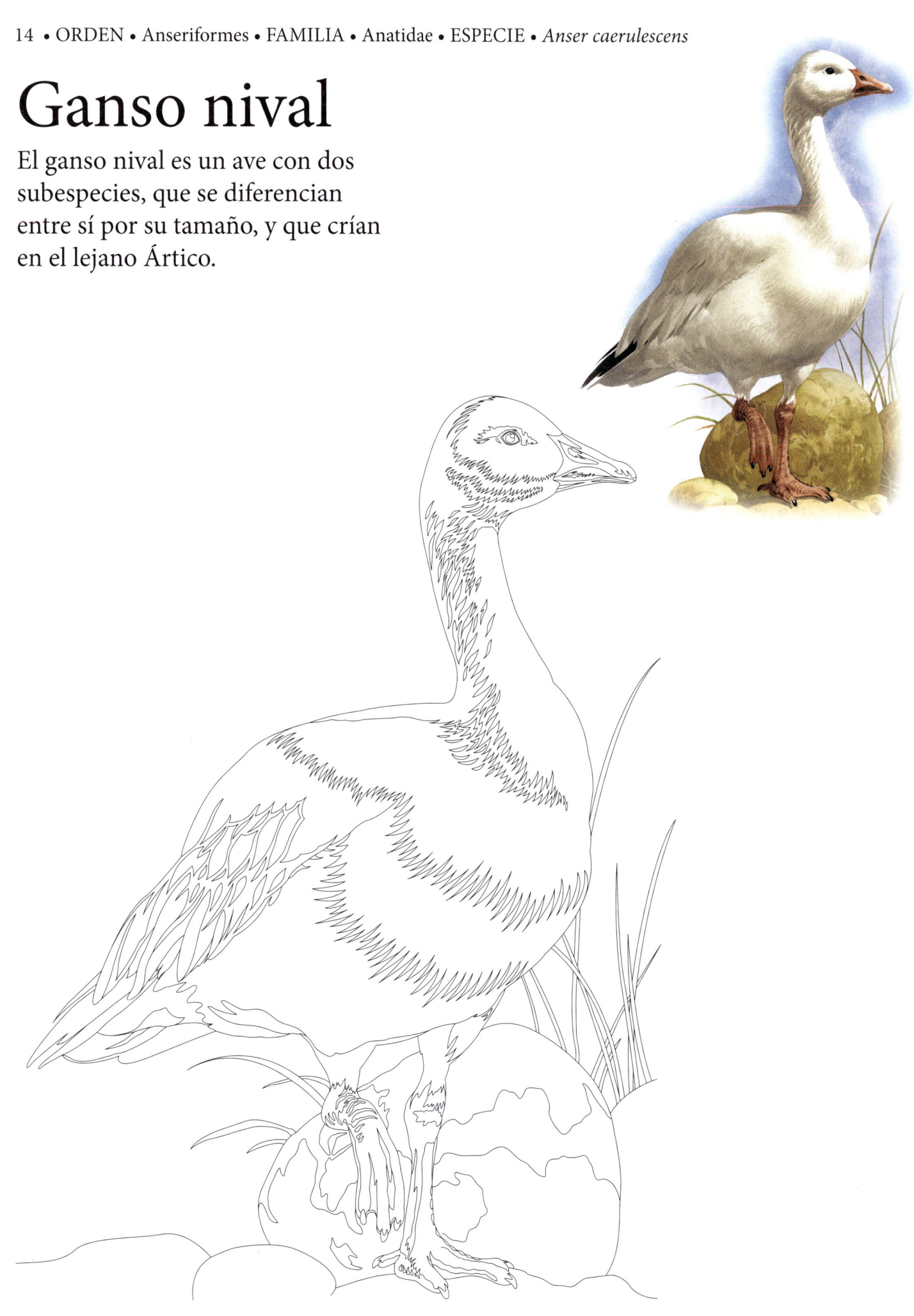

Porrón bastardo

El porrón bastardo es una especie gregaria. Suelen verse en las costas marítimas del norte, donde se reproducen en marismas y humedales de agua salada.

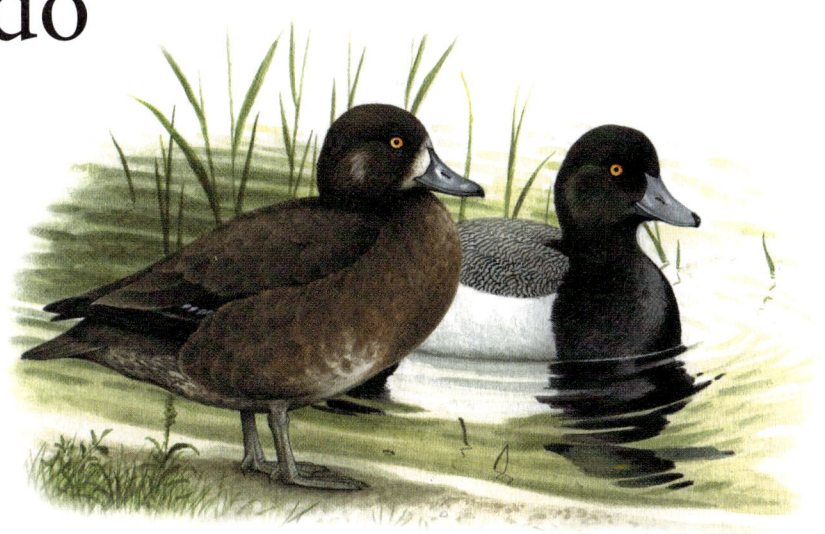

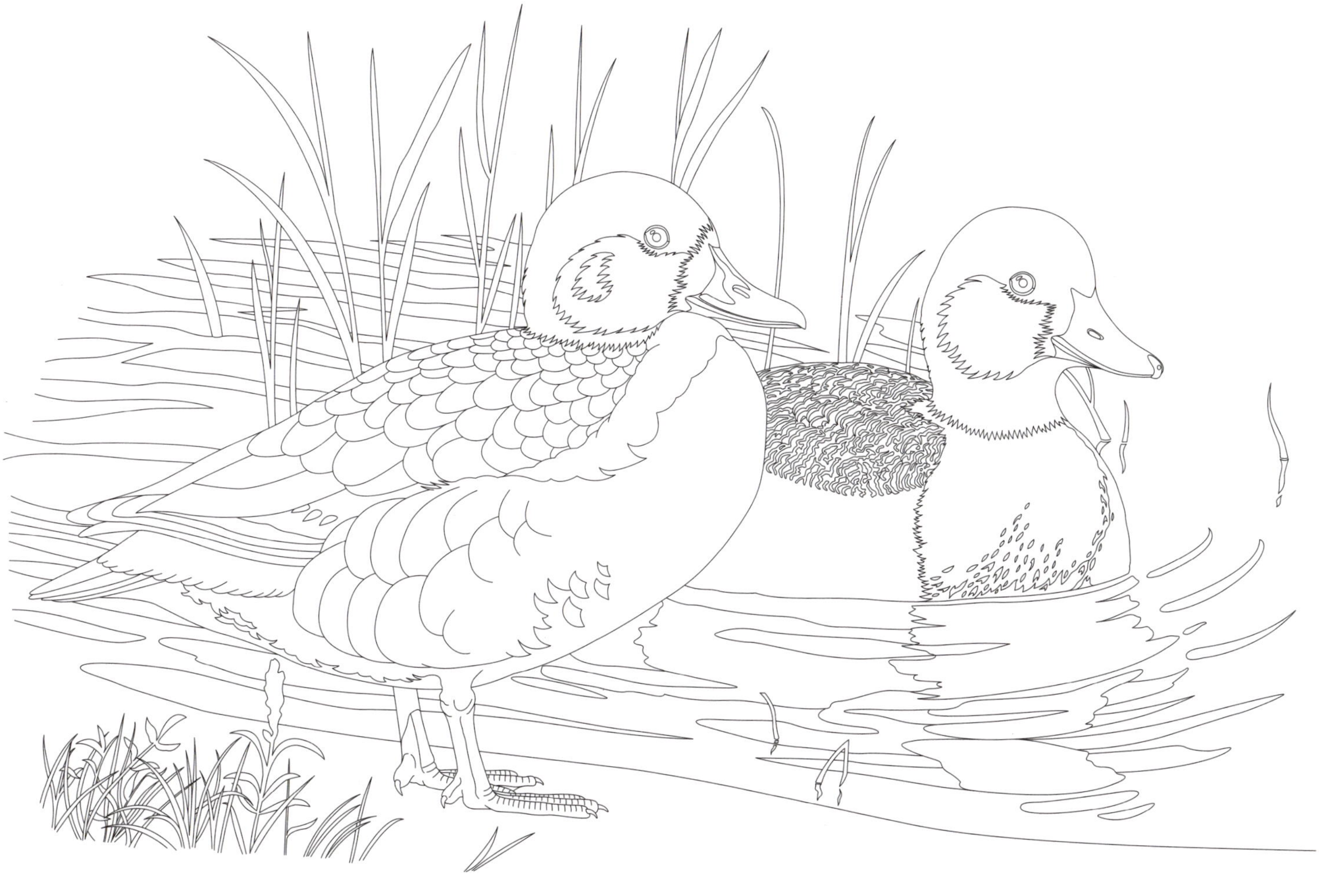

Barnacla carinegra

Este ganso de pequeño tamaño se cría en el Ártico. Hay dos especies distintas, que se distinguen por el color del pecho.

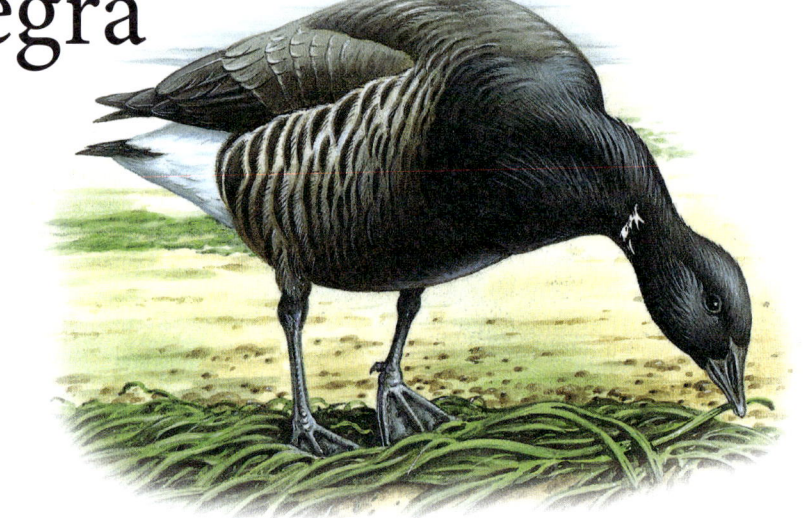

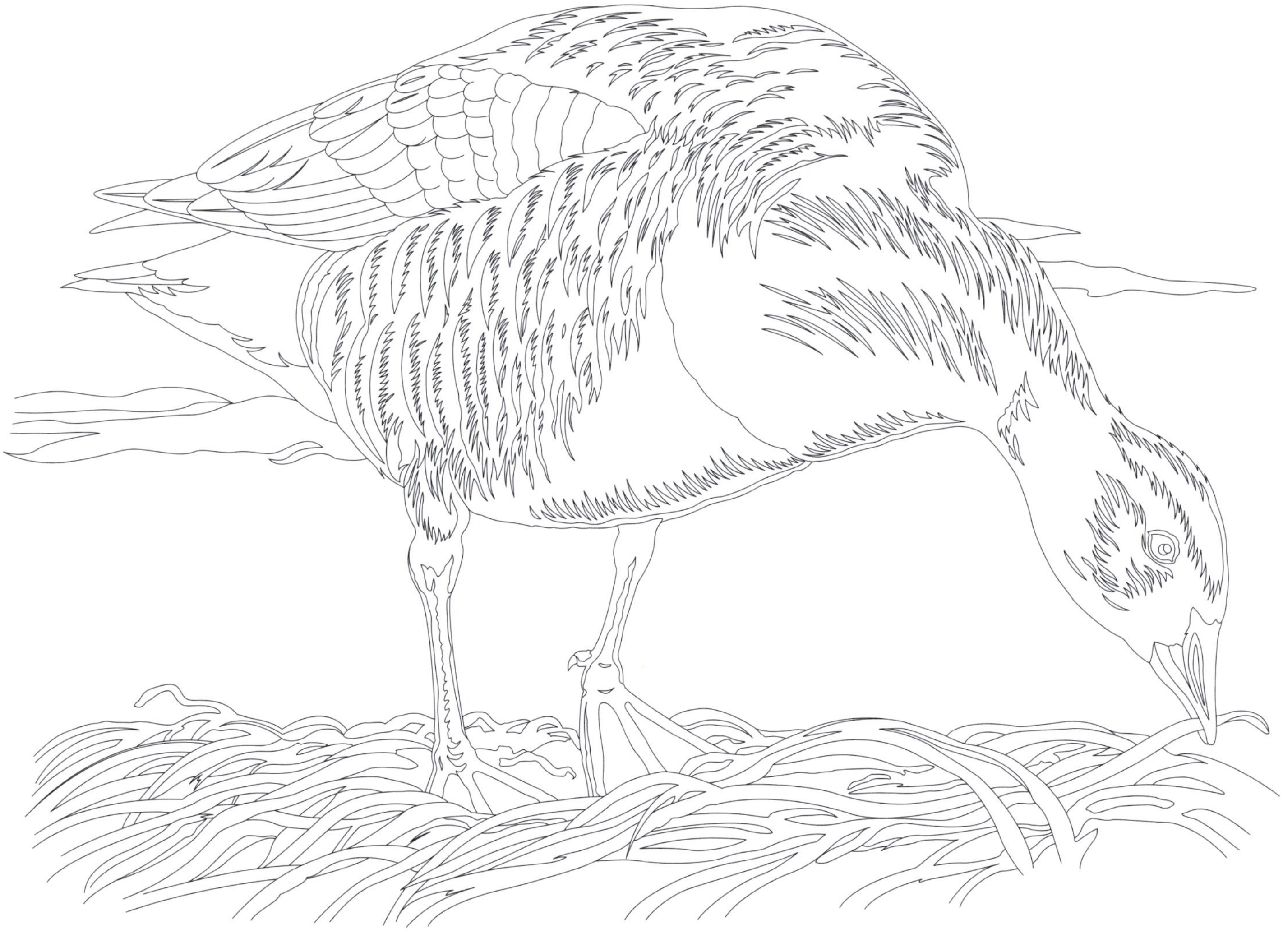

Barnacla de Canadá

El ganso canadiense es tan célebre
por su peculiar graznido como por su
característico plumaje blanco y negro.

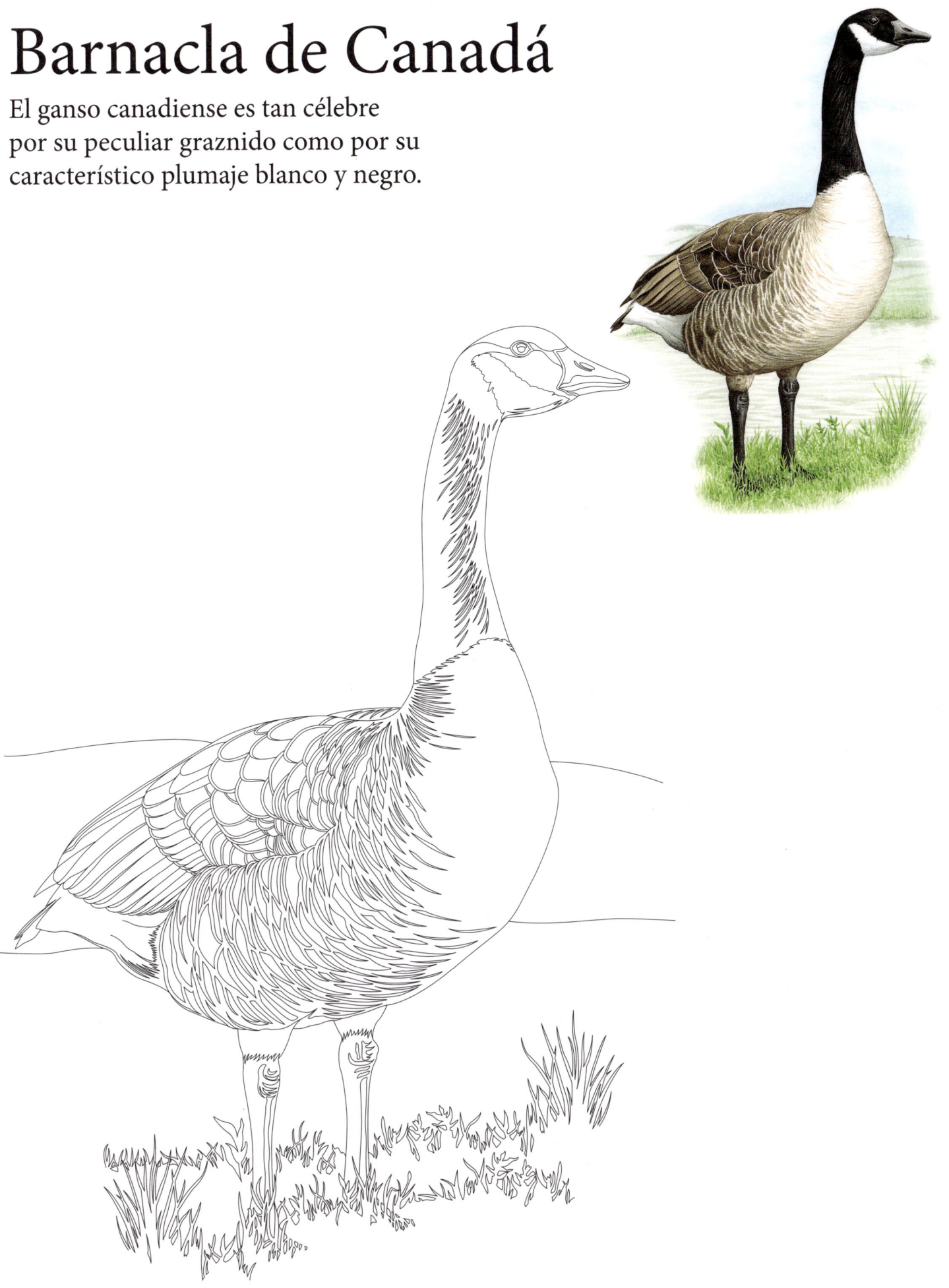

Ganso de Hawái

Este ganso es el ave oficial del estado estadounidense de Hawái, y recibe en aquellas islas el nombre de *nené*.

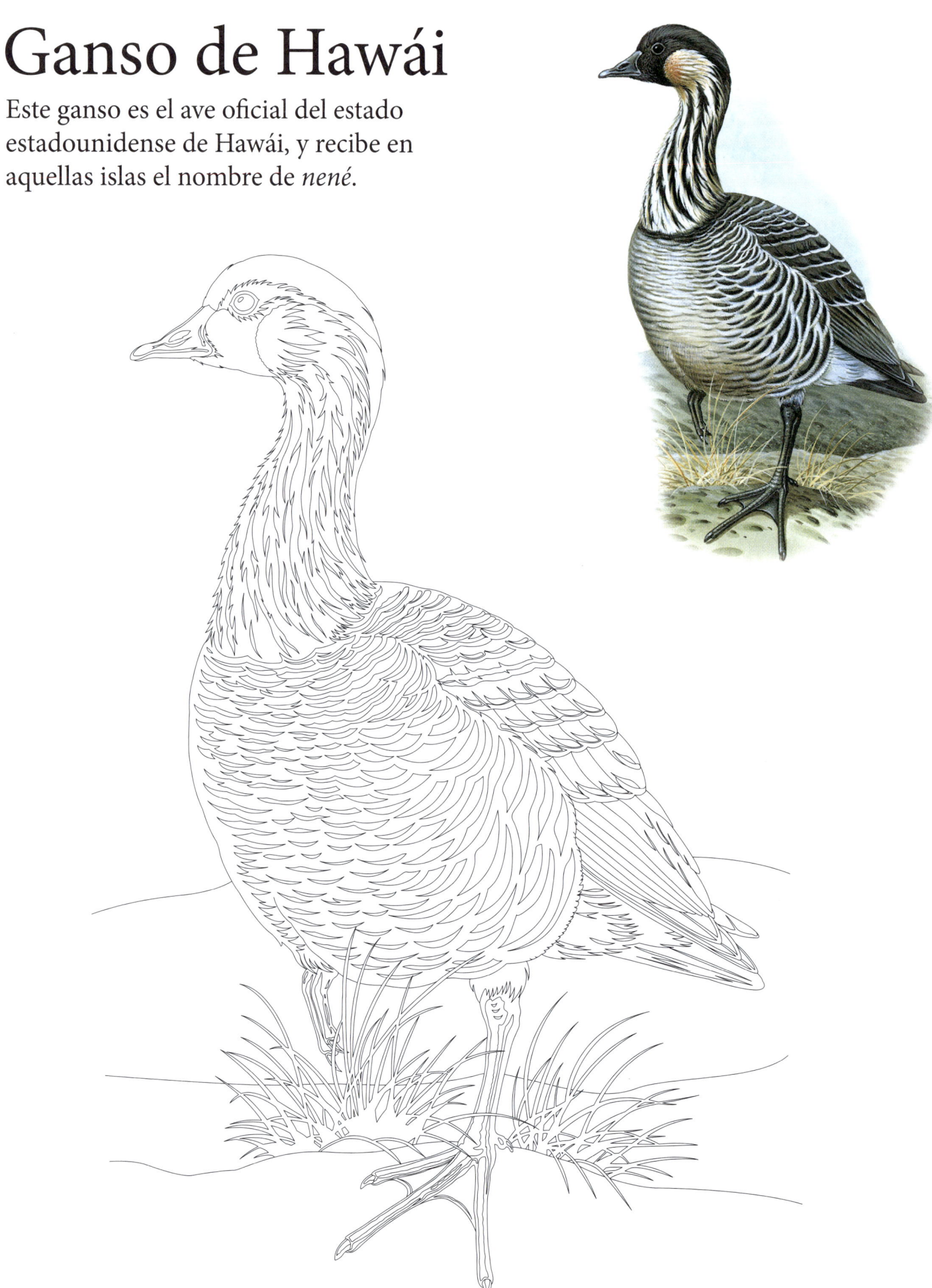

Cisne blanco

Con su exquisita belleza y forma, resulta fácil entender por qué los antiguos británicos consideraban sagrados a los cisnes blancos.

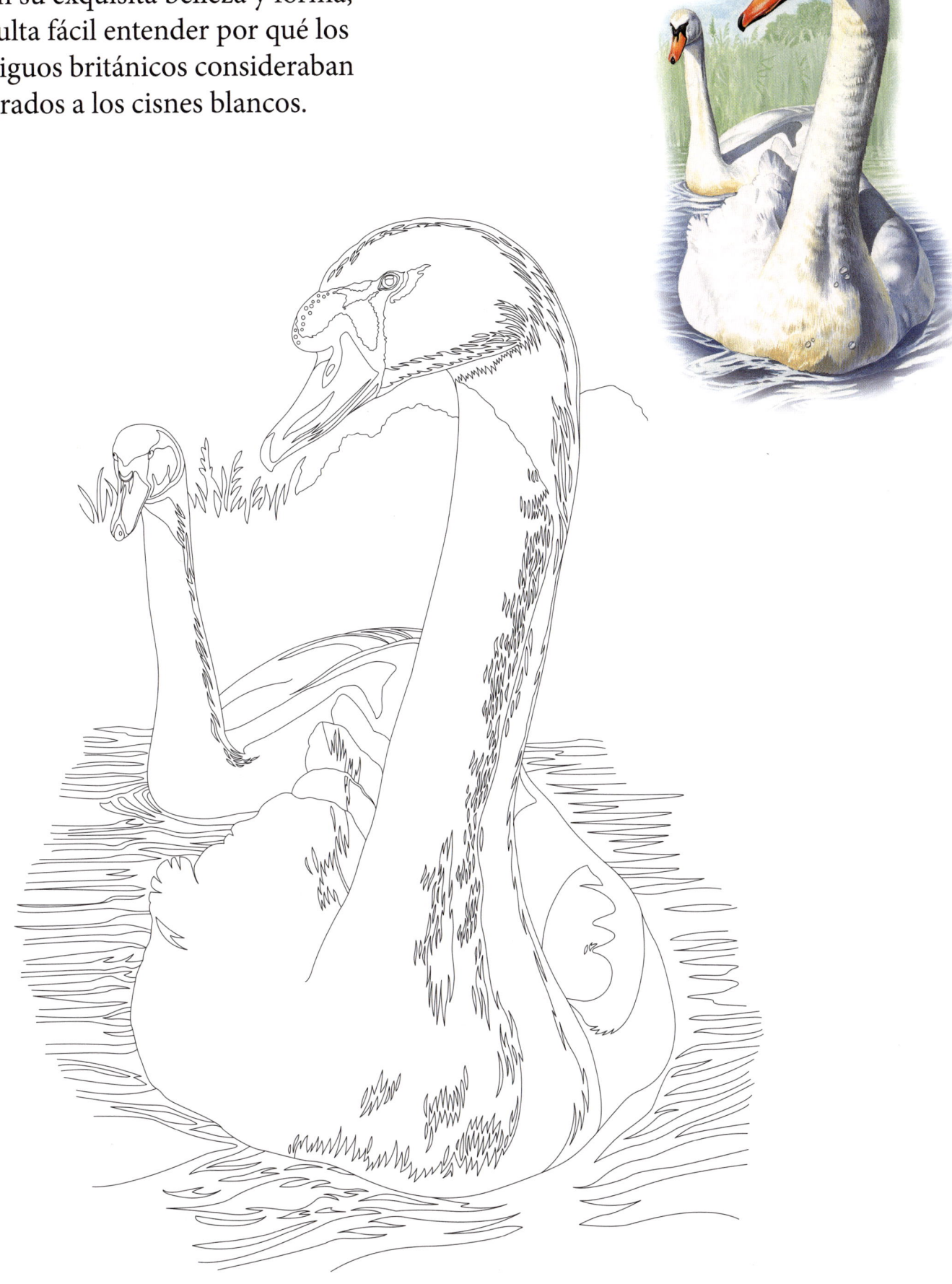

Pato arlequín

Este precioso pato no teme a los rápidos ni a las rocas afiladas, puesto que vive y cría junto a arroyos y ríos con notables corrientes de agua.

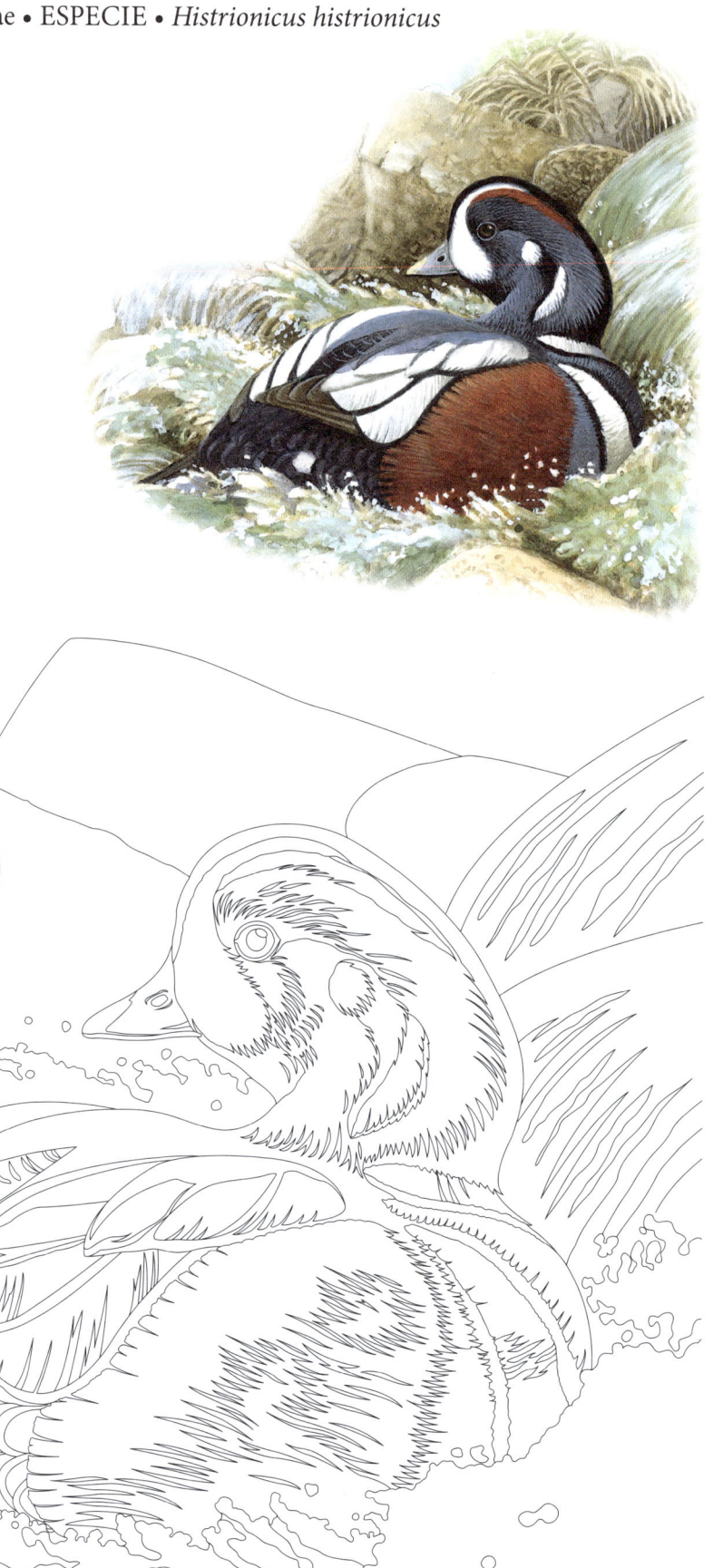

Serreta grande

Las serretas grandes son expertas cazadoras, y no les queda otra opción: las crías de esta especie necesitan unos 33 kg de pescado para llegar a la edad adulta.

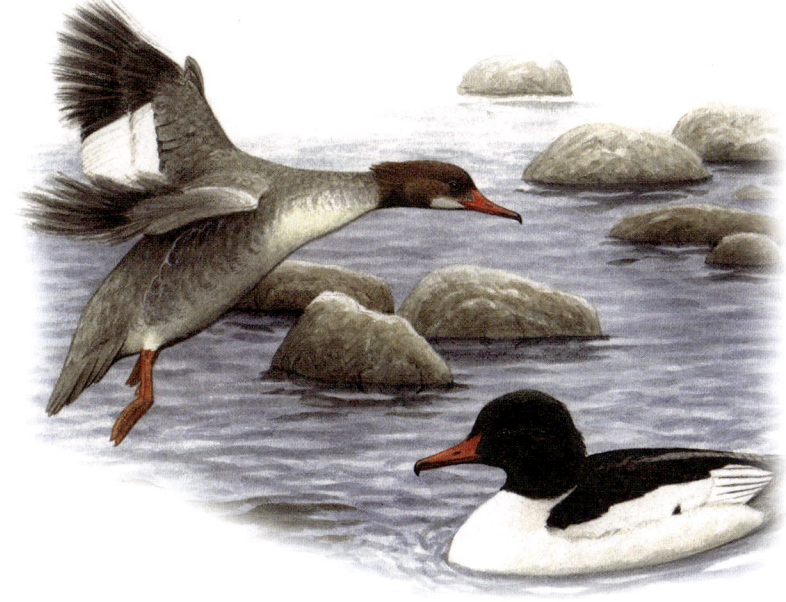

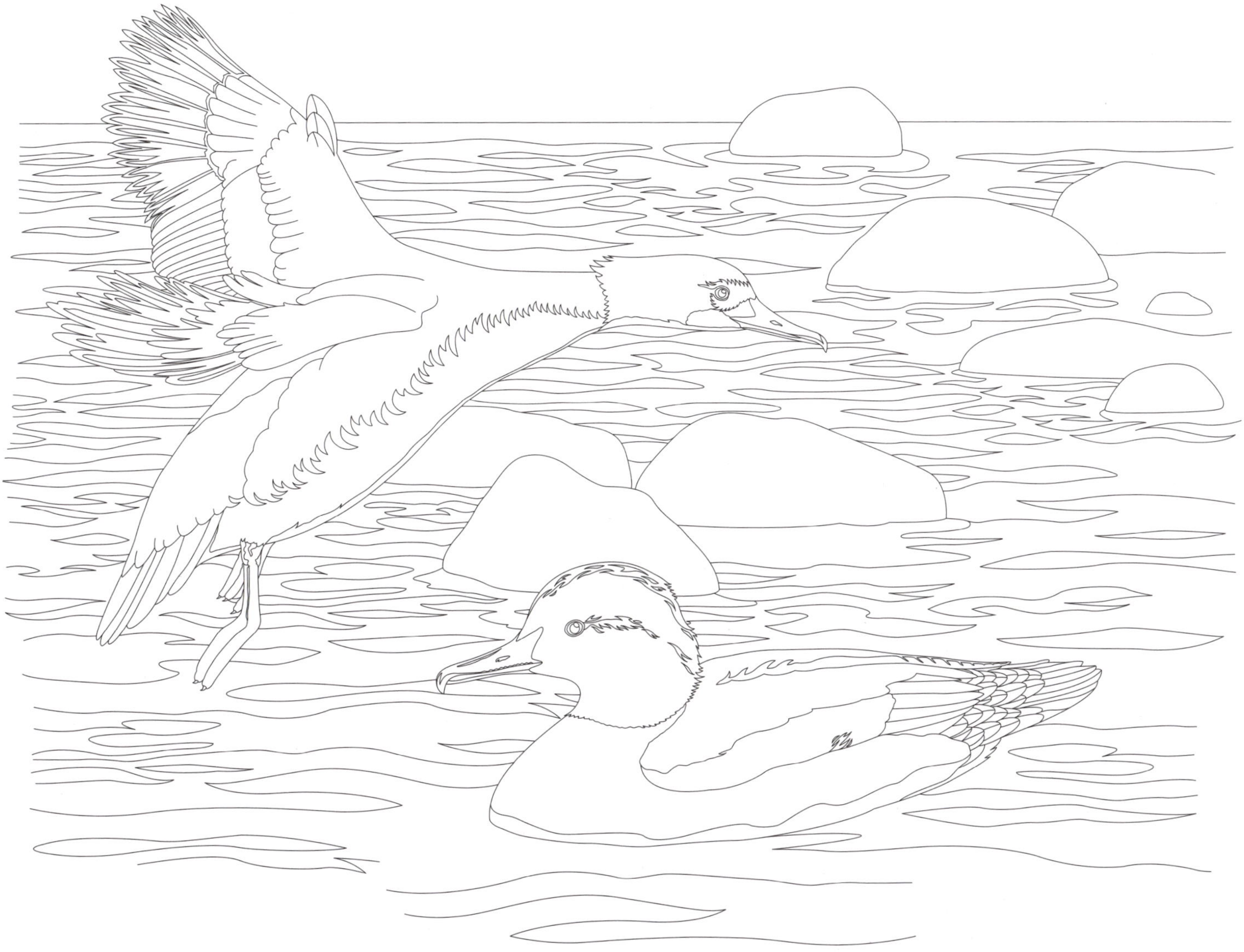

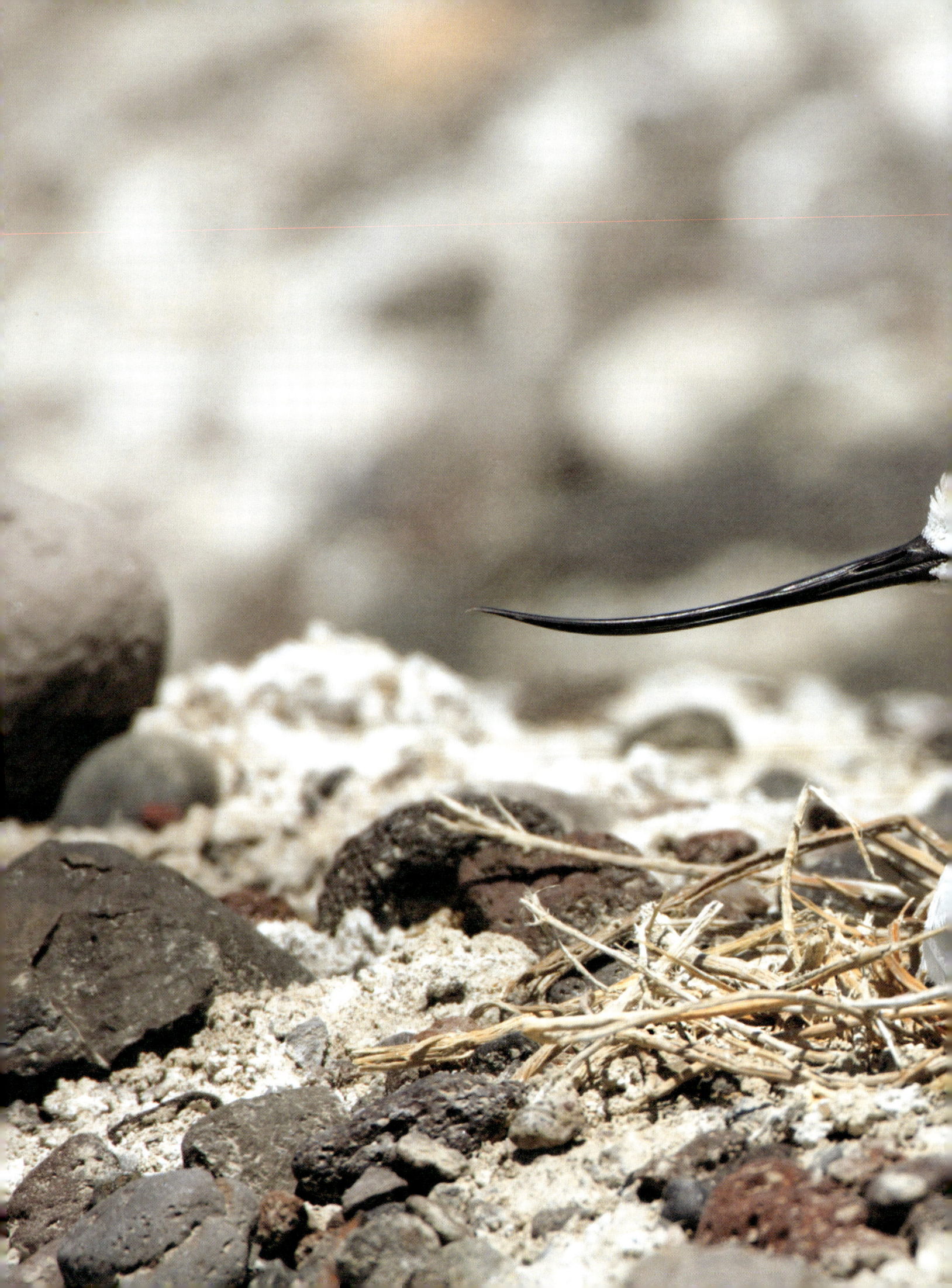

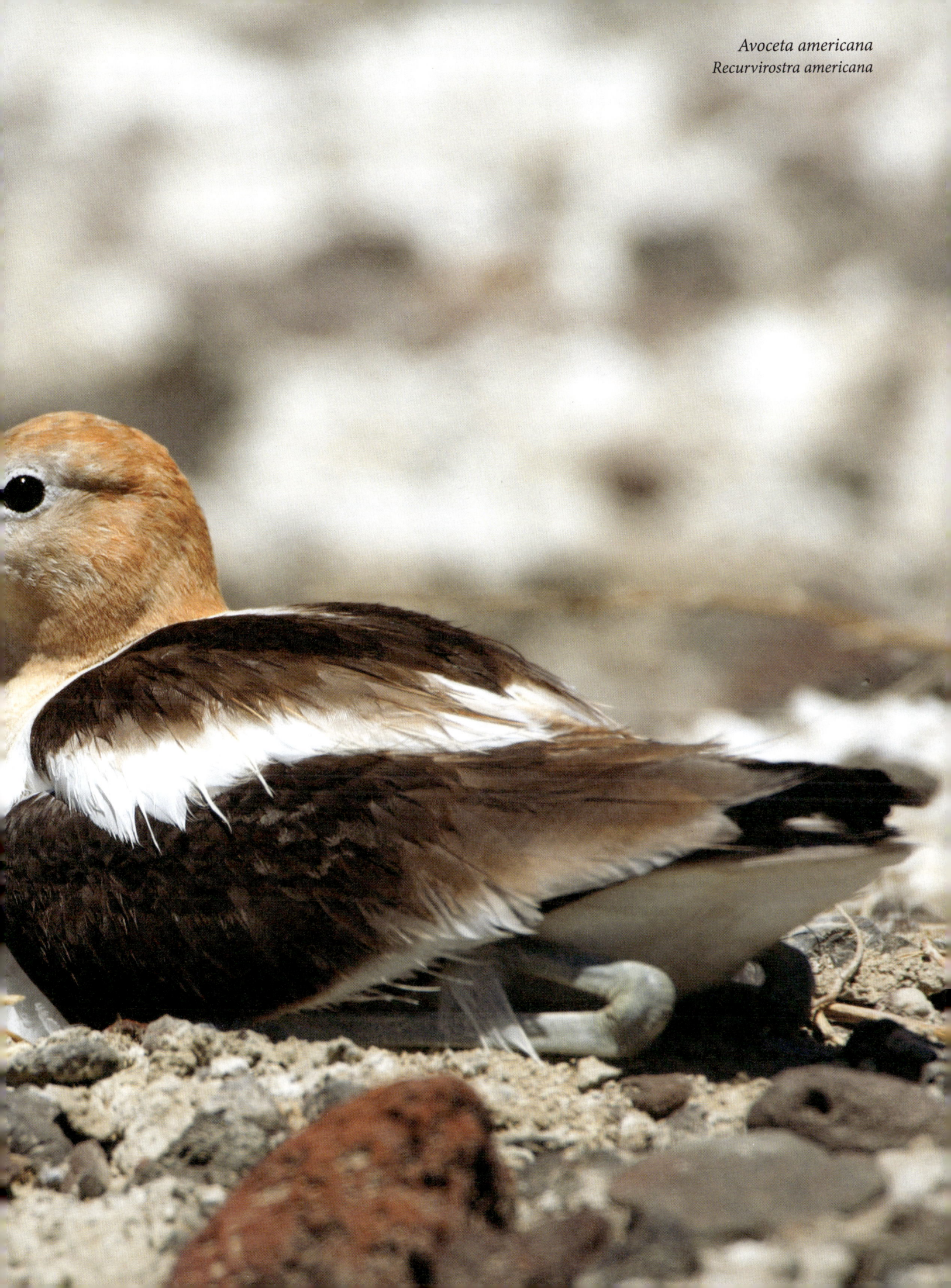

Eider común

Las suaves y cálidas plumas del pecho de la hembra de eider se han empleado, durante mucho tiempo, para rellenar edredones. También son útiles, claro, para mantener caliente al eider en su entorno vital.

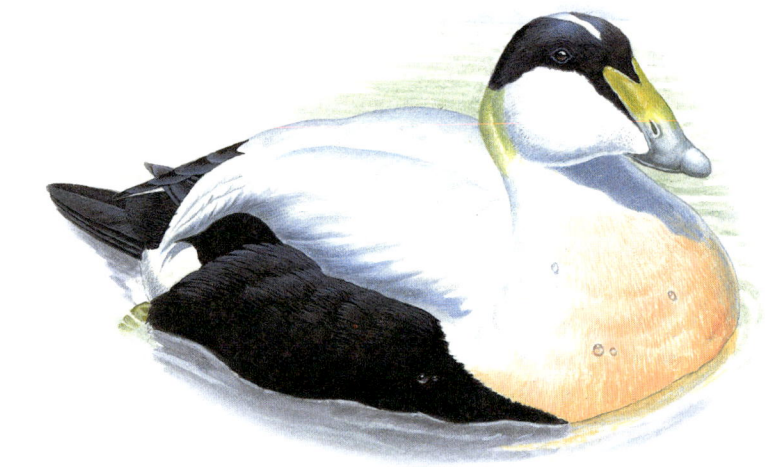

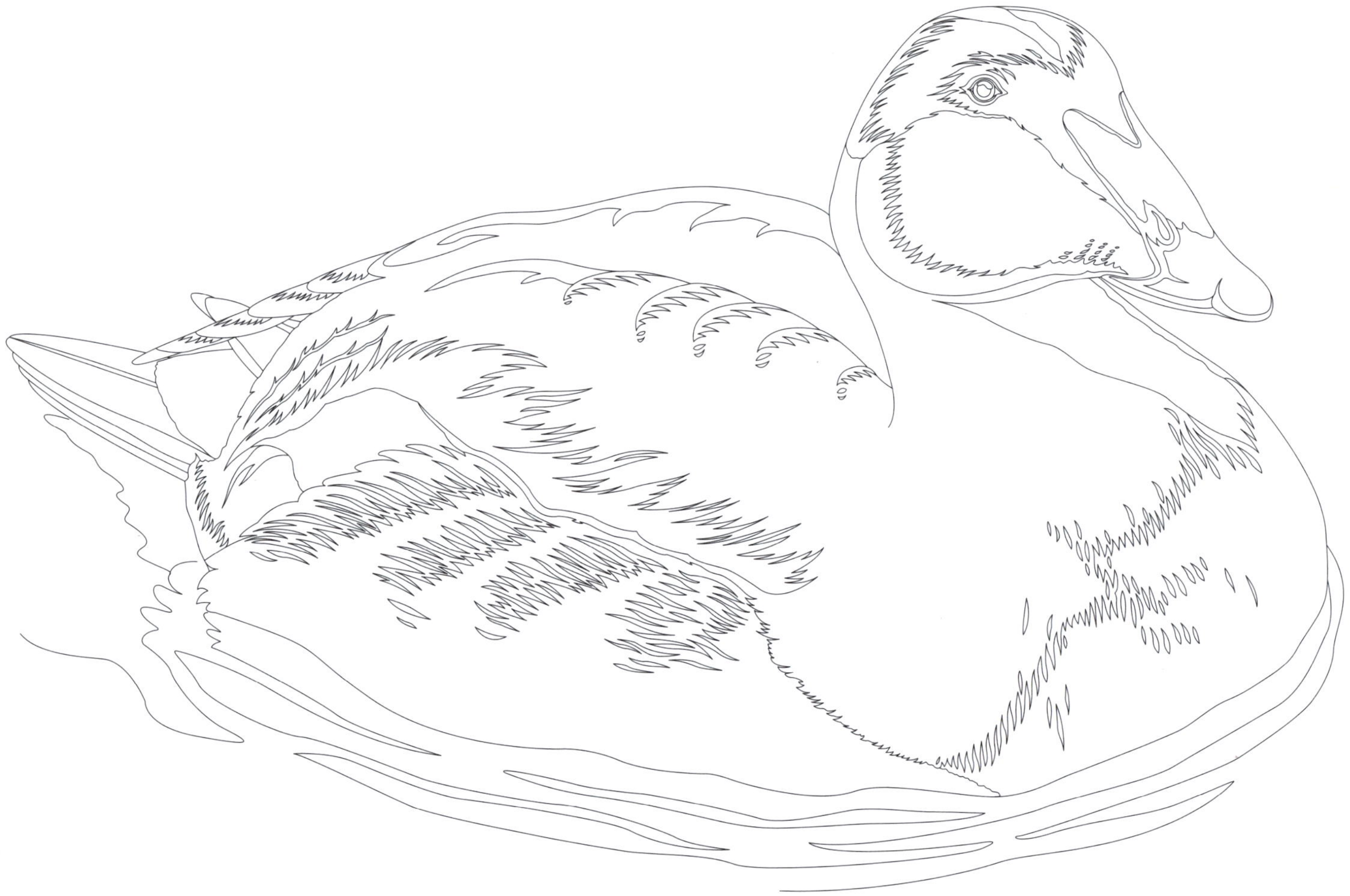

Colibrí de garganta rubí

El diminuto colibrí garganta rubí
no es más grande que una pelota
de pimpón, pero bate las alas 80
veces por segundo cuando vuela.

Mérgulo atlántico

No son más grandes que los estorninos, pero los pequeños mérgulos son una raza resistente. Viven en las heladas aguas del Atlántico Norte.

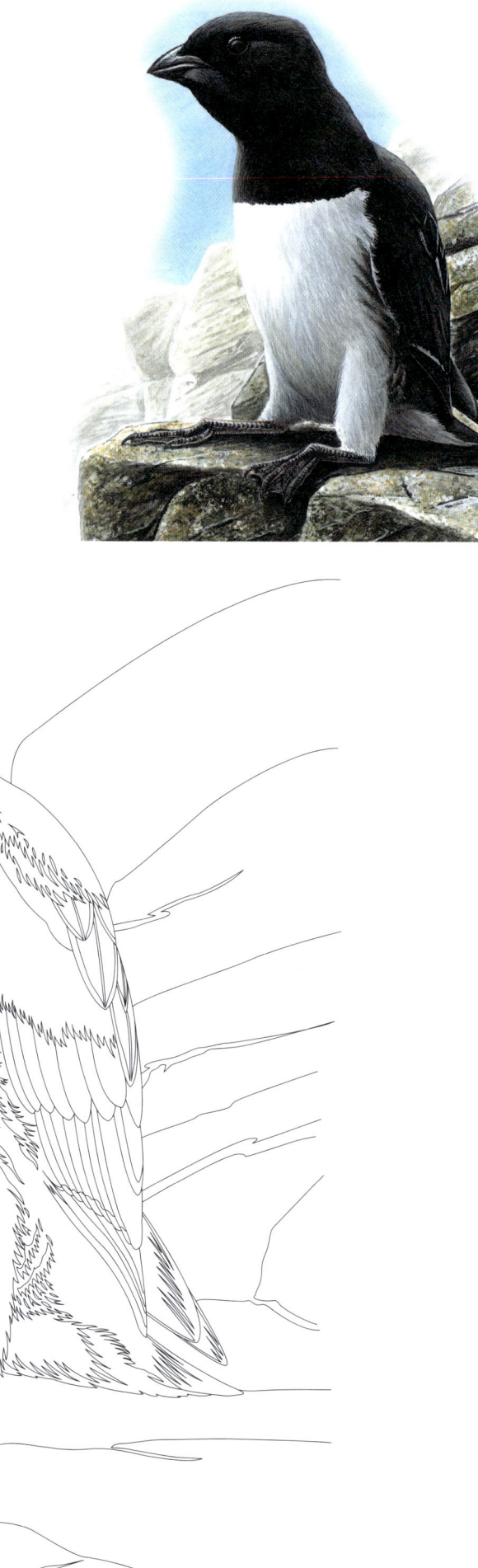

Frailecillo

Que nadie se lleve a confusión con estos payasos marinos de vivos colores. A pesar de su aspecto cómico, estas extraordinarias aves marinas son ágiles y hábiles cazadoras.

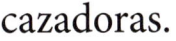

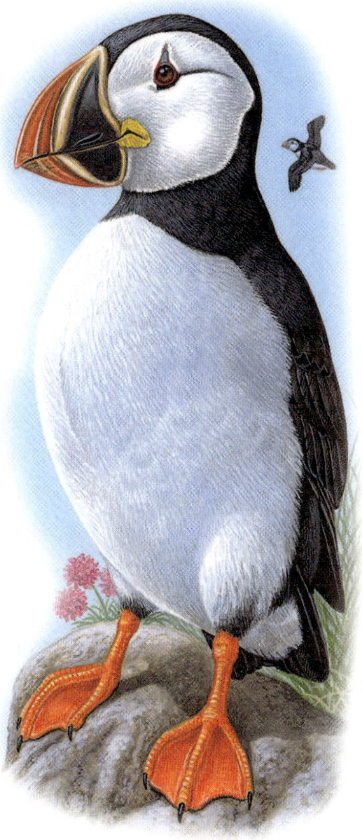

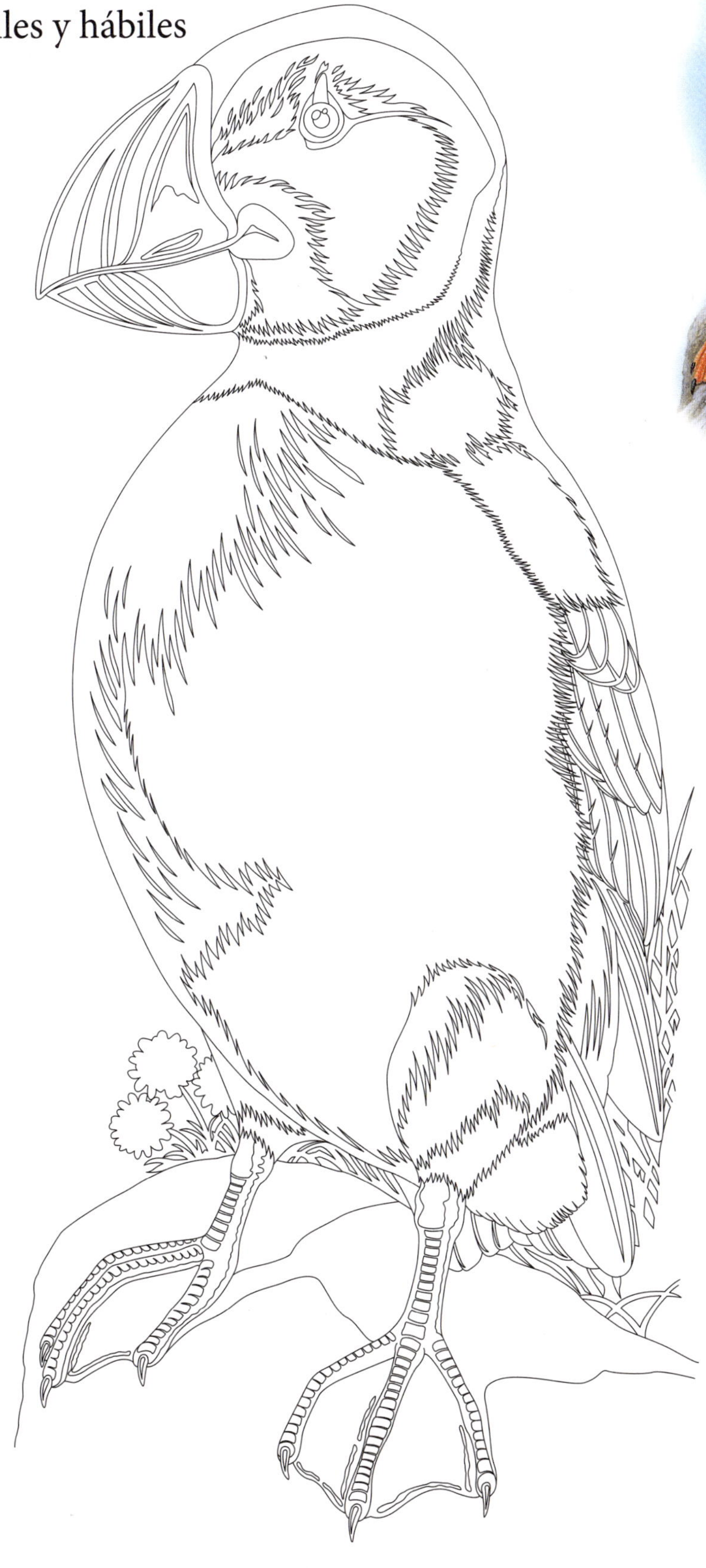

Arao común

Los araos son tan abundantes
que, en sus colonias de cría, en un
metro cuadrado pueden estar 20
ejemplares. ¡Una multitud!

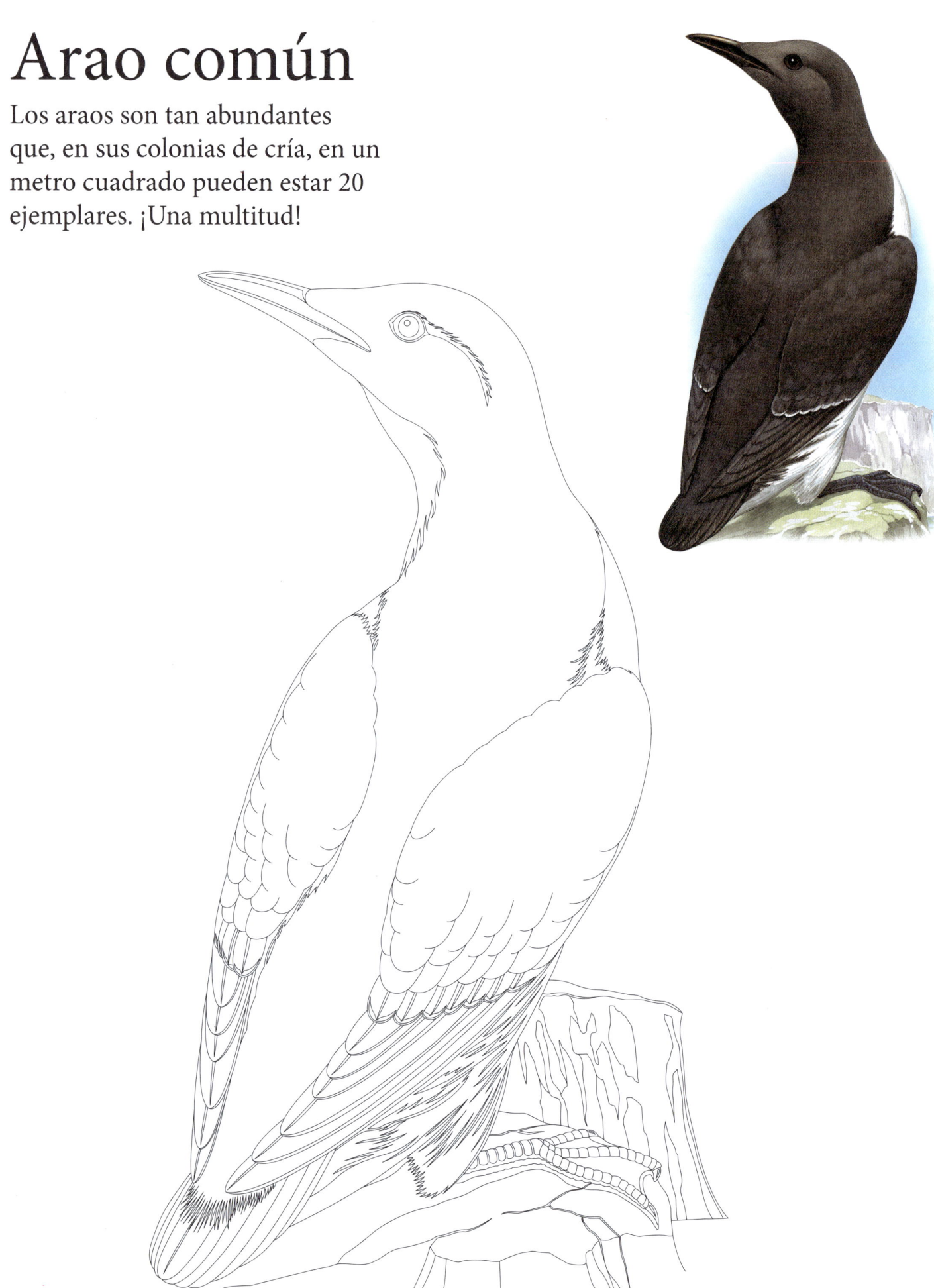

Chorlitejo chico

El diminuto y veloz chorlitejo
chico cría cerca de lagos, arroyos y
también en estructuras artificiales
como graveras.

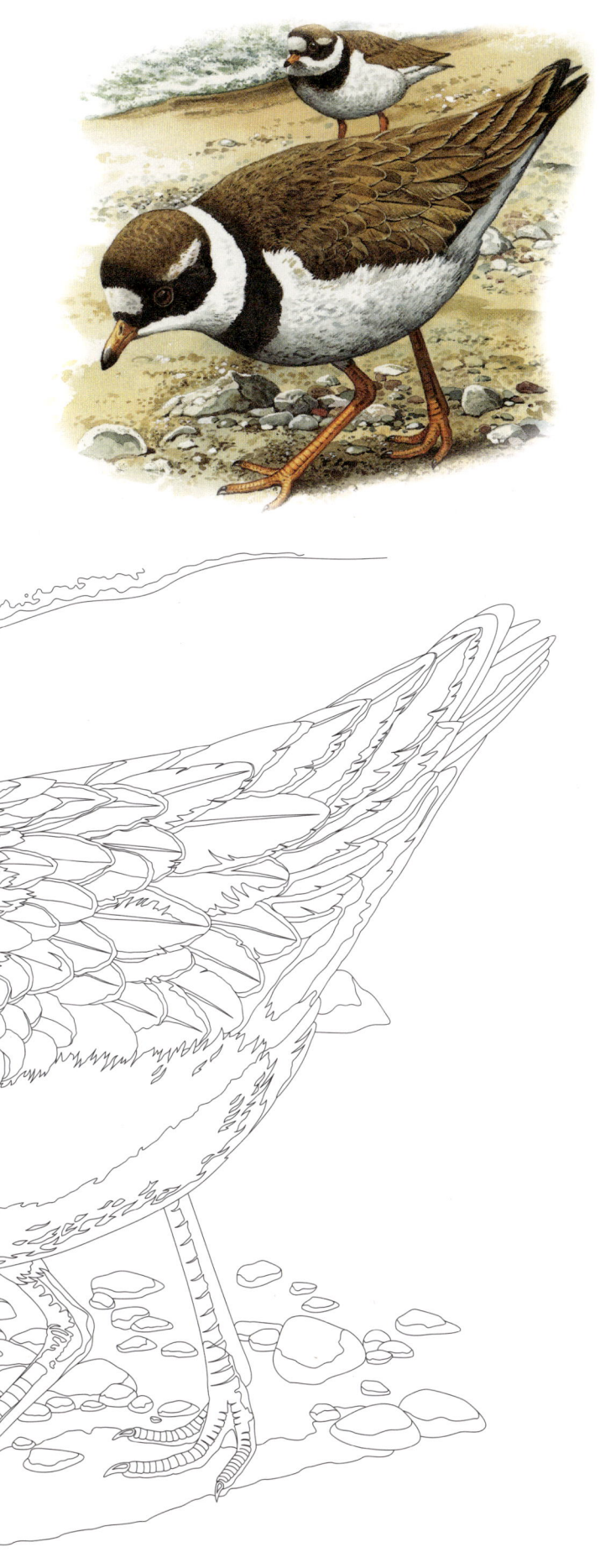

Chorlo semipalmado

El chorlo –o chorlito, o chorlitejo–
semipalmado es un ave costera que
se encuentra a lo largo de costas y
estuarios fluviales.

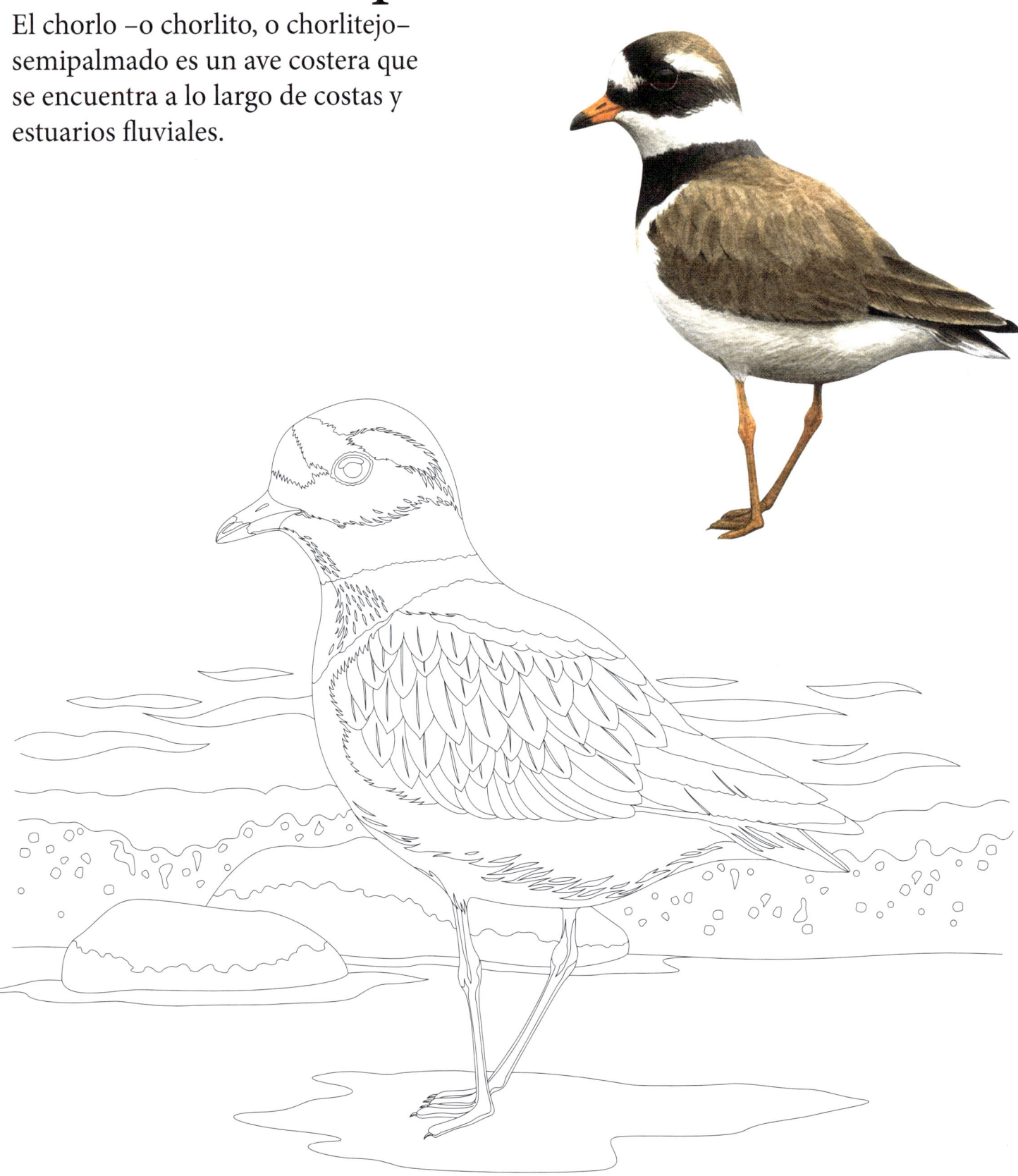

Chorlito gris

El chorlito gris es un ave de
grandes migraciones, y puede
encontrarse en zonas costeras de
casi todo el mundo.

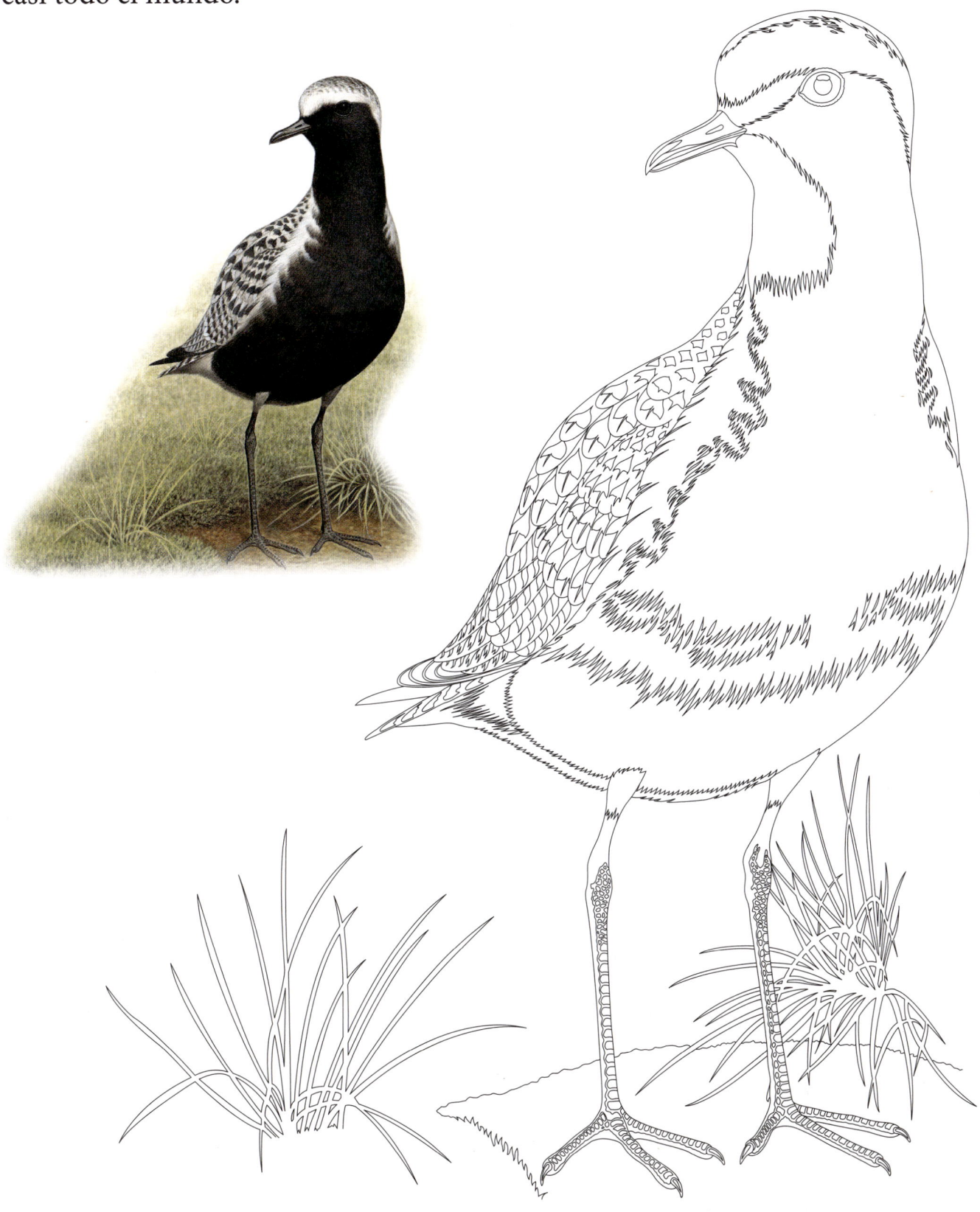

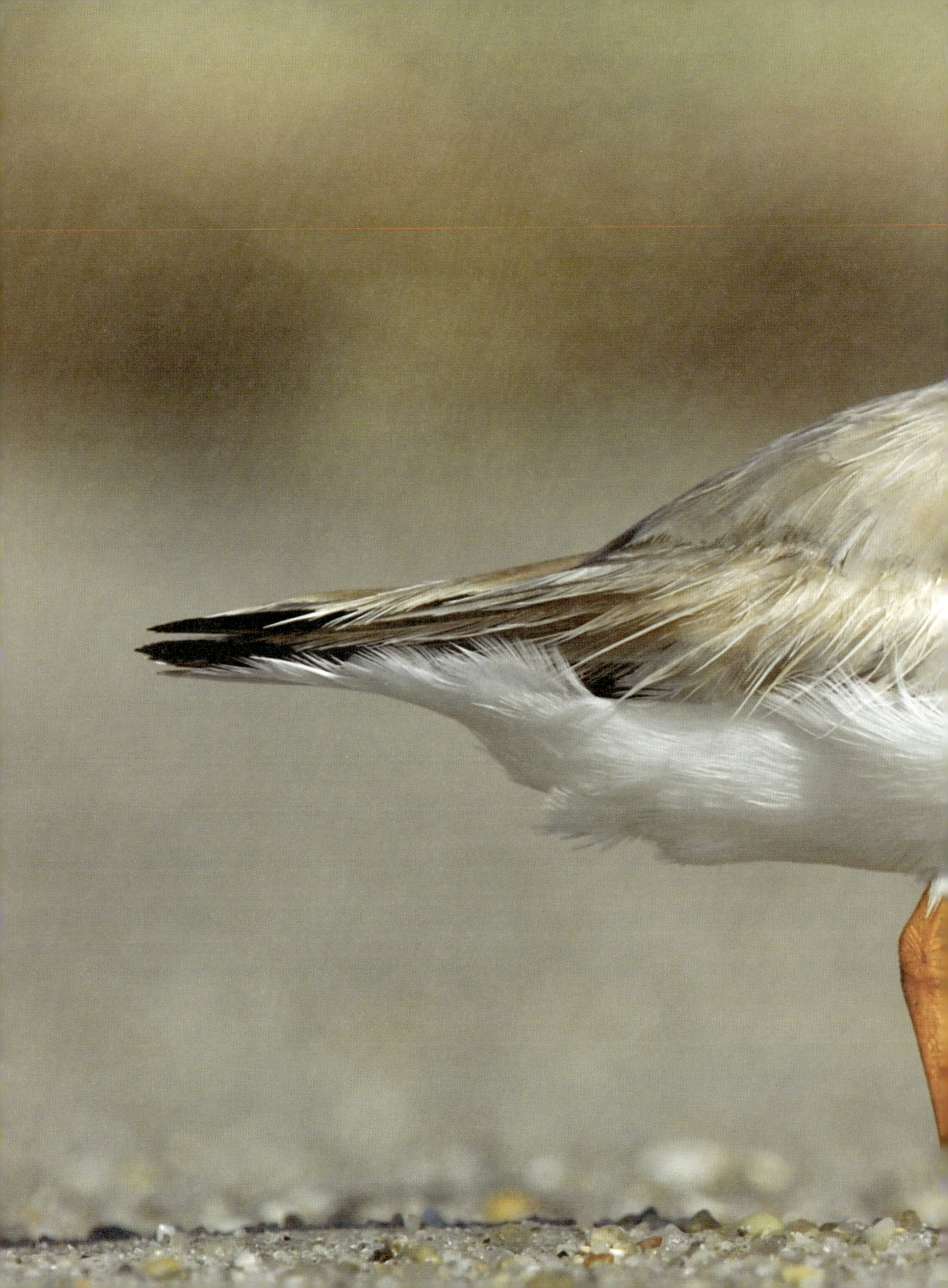

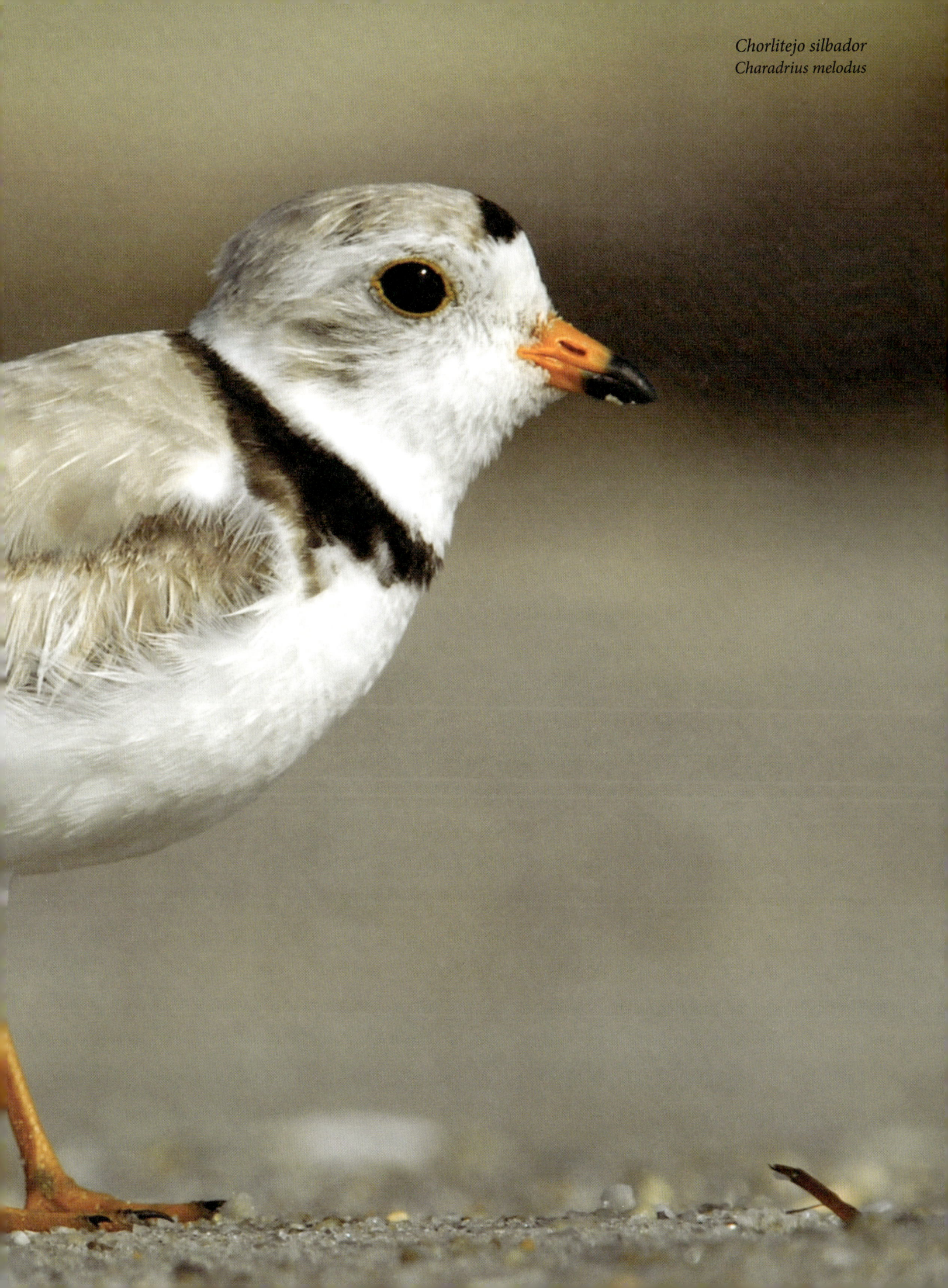

Chorlitejo silbador
Charadrius melodus

Gaviota argéntea

Para muchos de nosotros, el estridente grito de la gaviota argéntea estará siempre asociado a los ociosos días de verano junto a la orilla del mar.

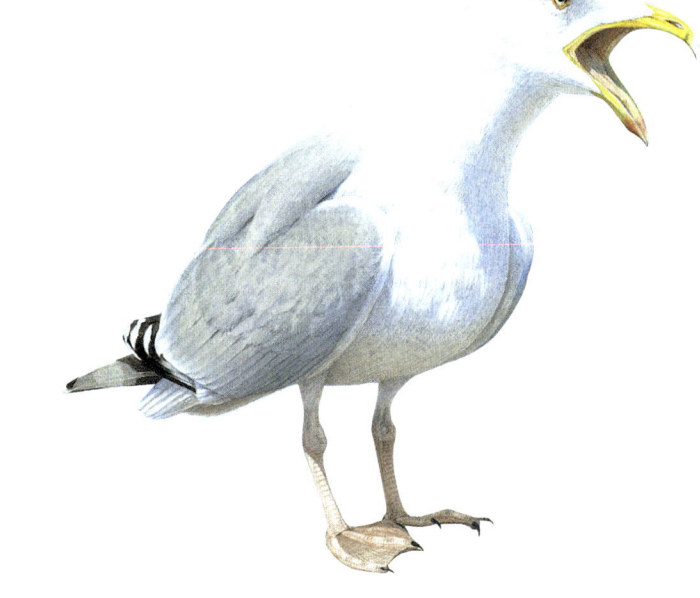

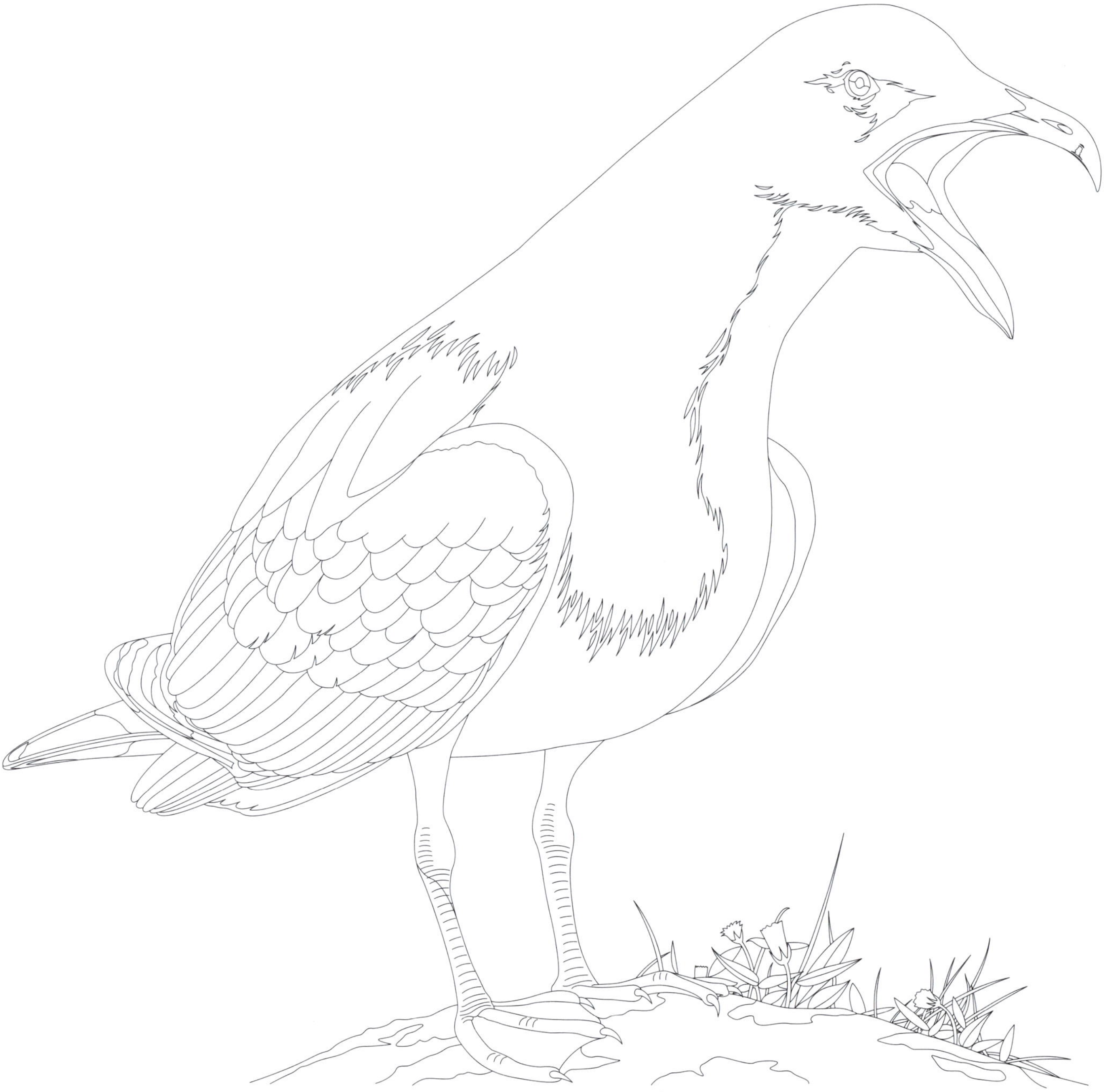

Gaviota cana

La gaviota cana cría a lo largo de las costas y los grandes lagos, y suele formar grandes colonias ruidosas.

Gaviota tridáctila

Las gaviotas tridáctilas son el
único tipo de gaviota que anida
exclusivamente en acantilados y
salientes rocosos.

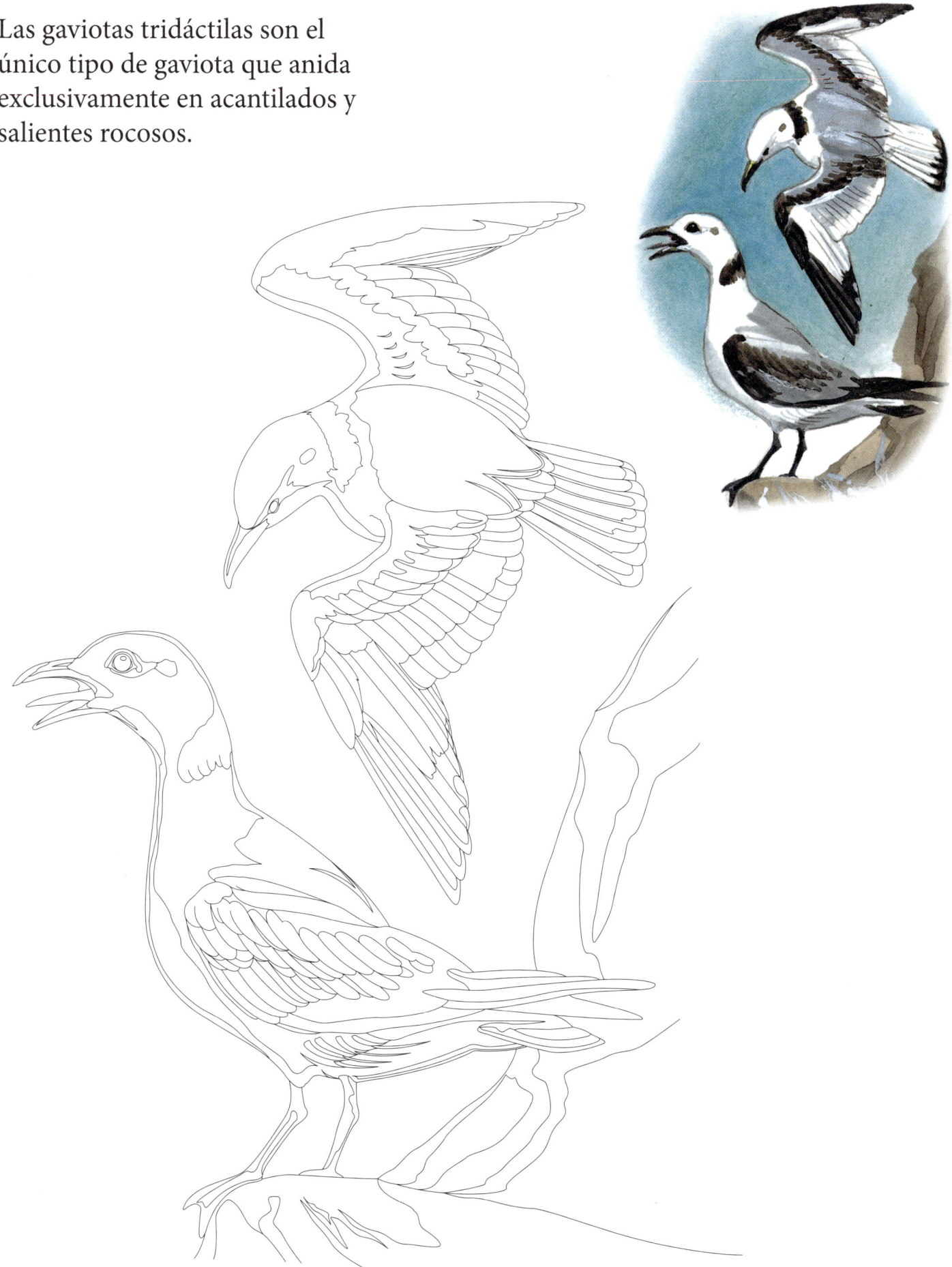

Vuelvepiedras rojizo

El pequeño y ágil vuelvepiedras rojizo
es un ave zancuda muy común en las
costas de casi todo el mundo.

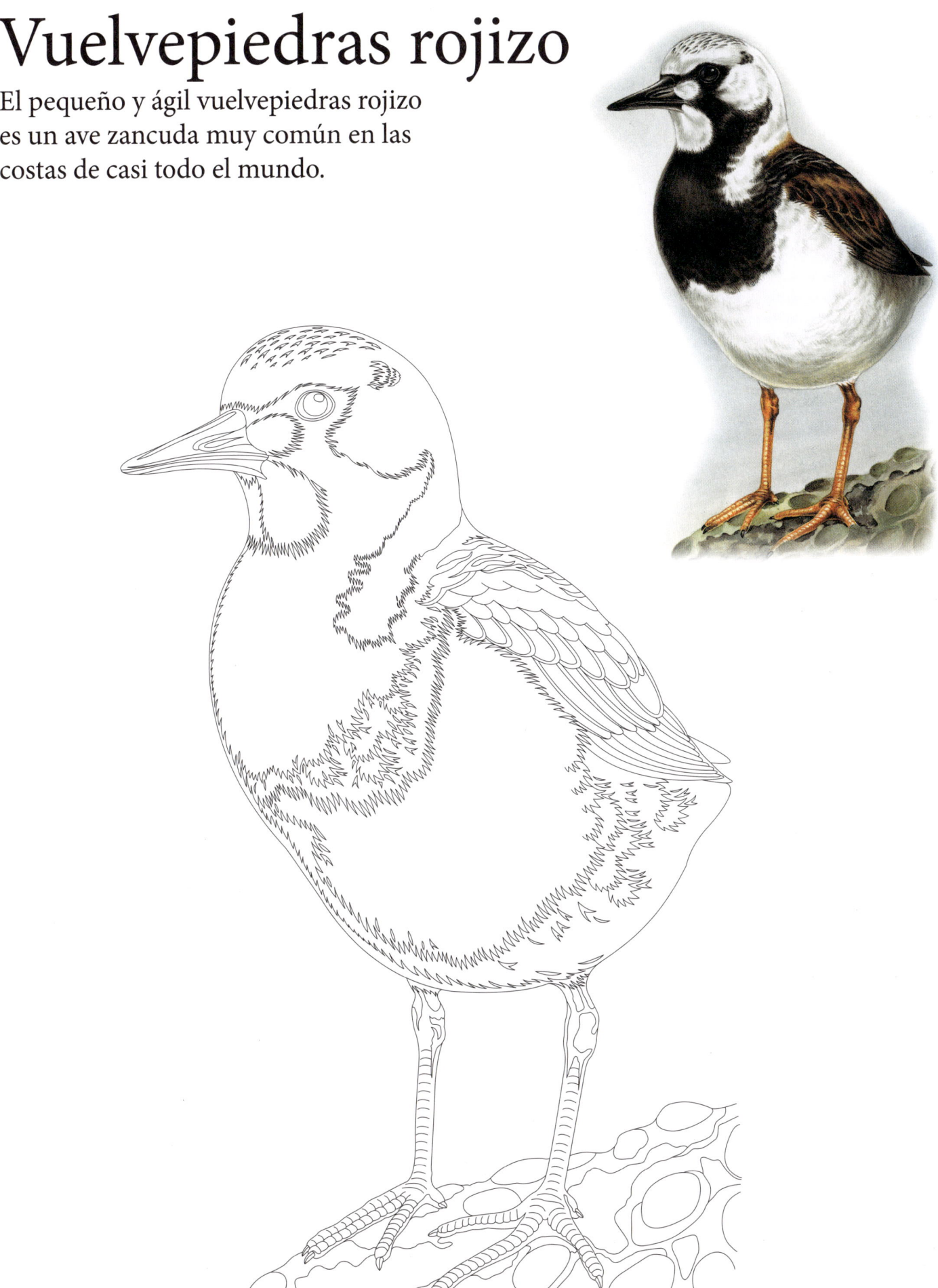

Correlimos tridáctilo

El correlimos tridáctilo –también llamado playero blanco–, una especie de ave zancuda, corre sin cesar por la arena para escapar de las olas.

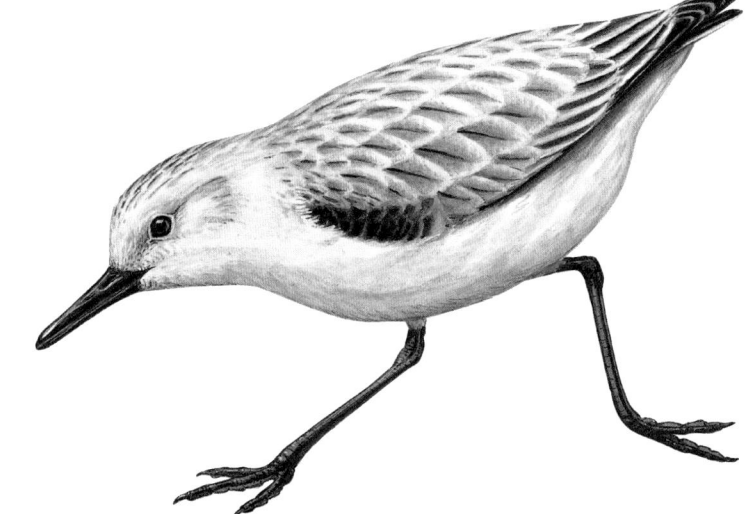

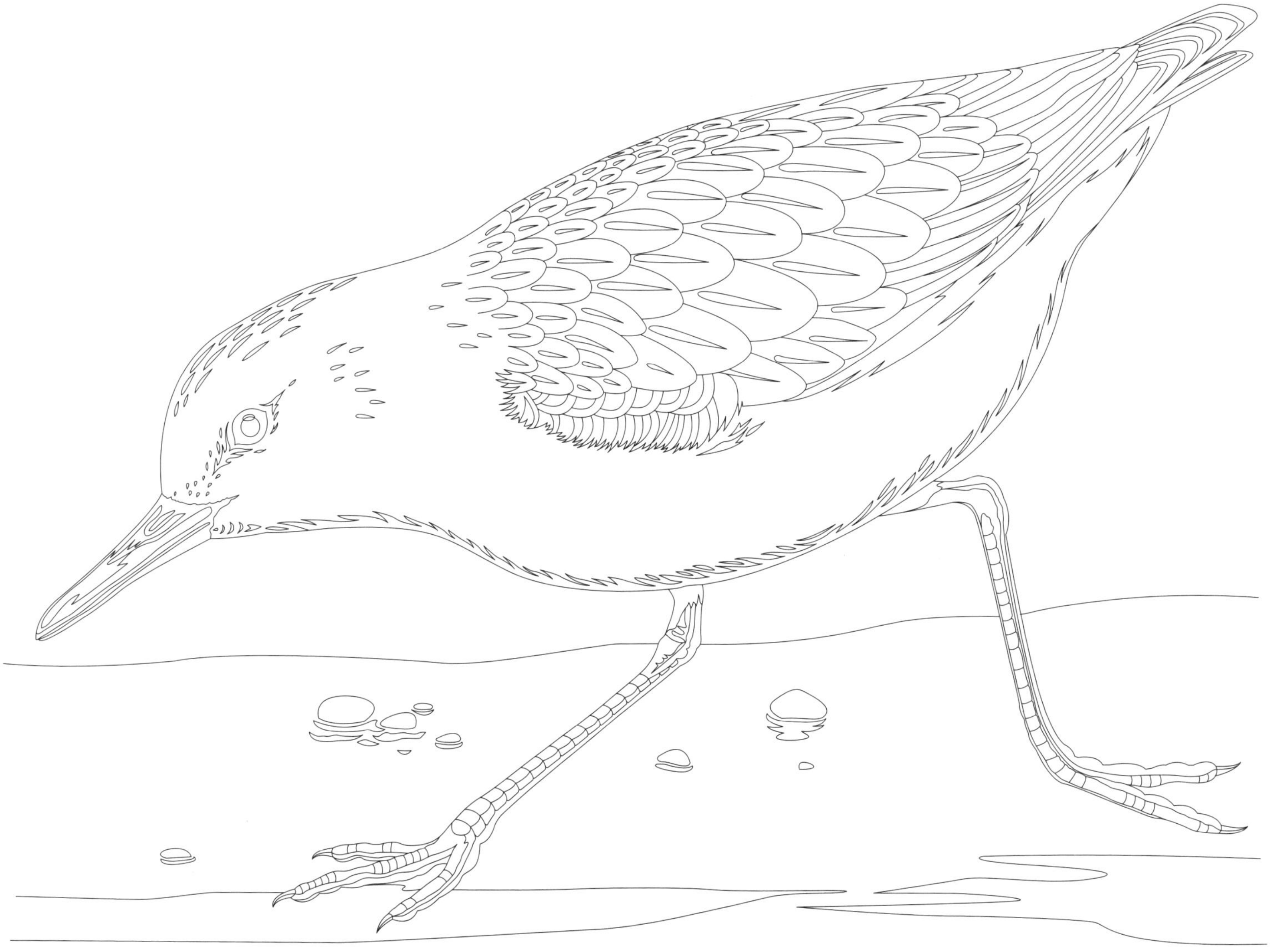

Correlimos común

El correlimos común, que corretea
por la orilla del mar como un
juguete de cuerda, es uno de los
limícolas más populares.

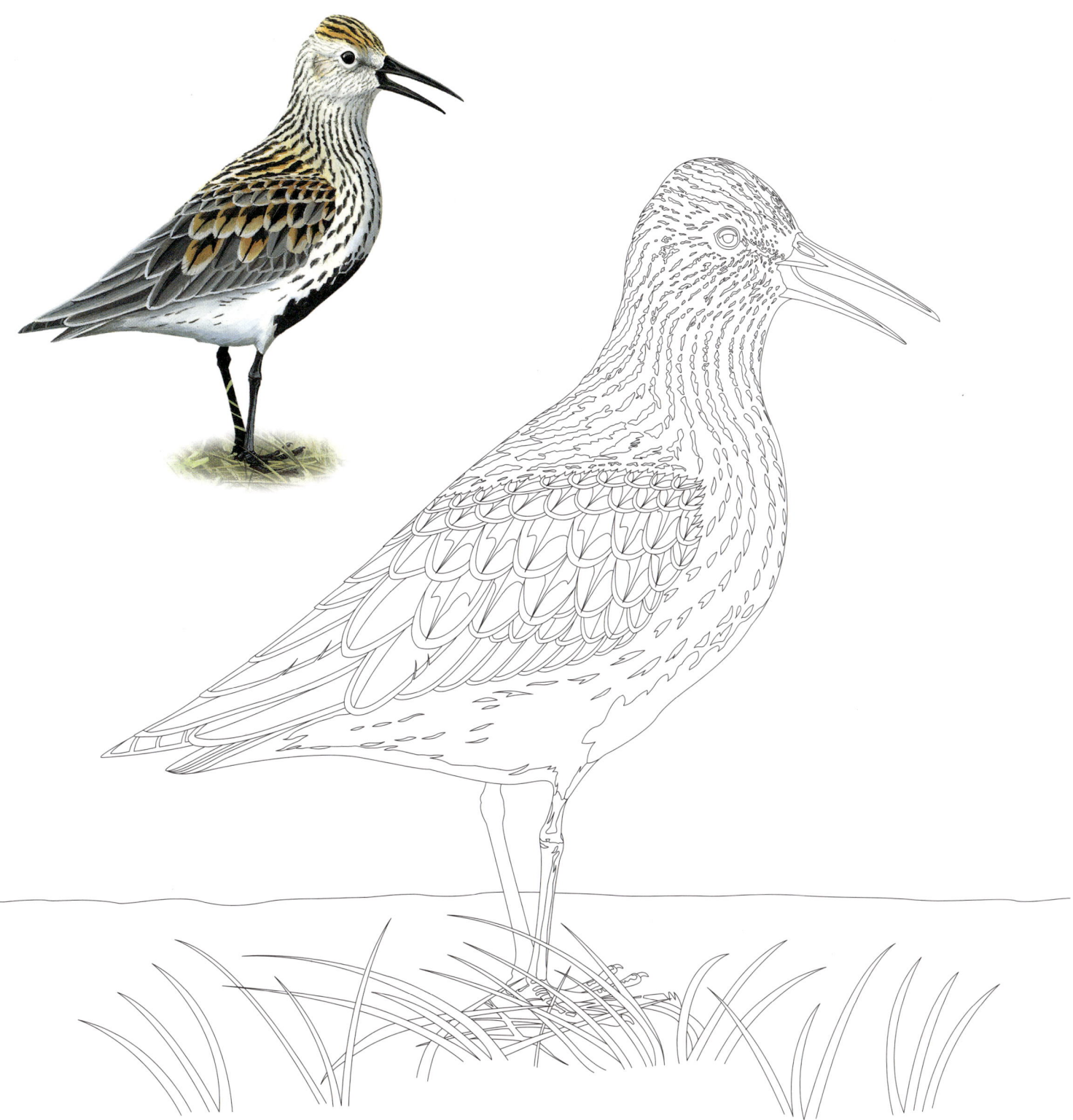

Correlimos gordo

También llamado playero rojizo,
esta ave suele verse en bandadas,
que durante las migraciones
pueden alcanzar decenas de miles
de ejemplares.

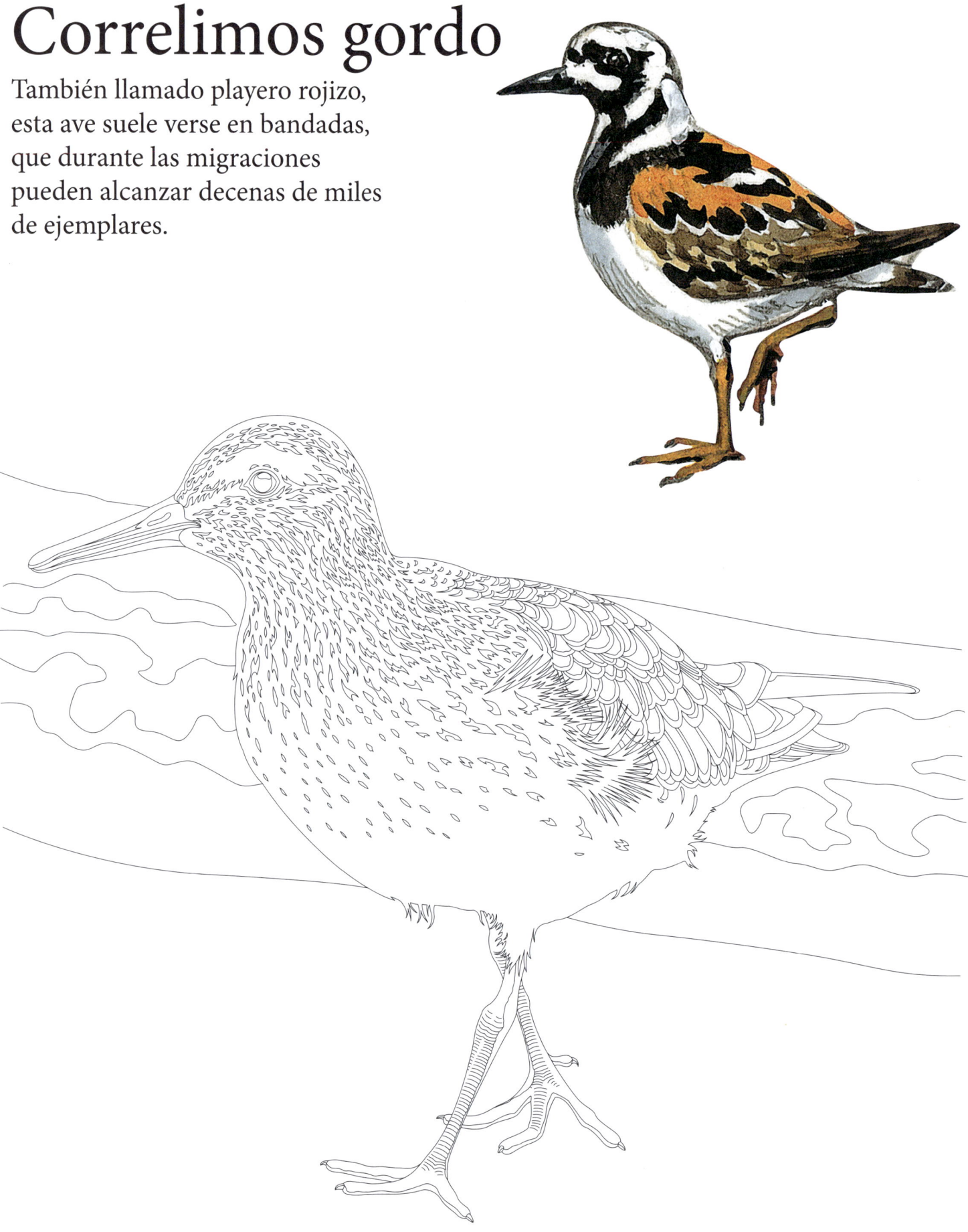

Correlimos oscuro

El correlimos oscuro suele criar
en lugares yermos e inhóspitos, y
tiene que volar hasta la costa para
alimentarse.

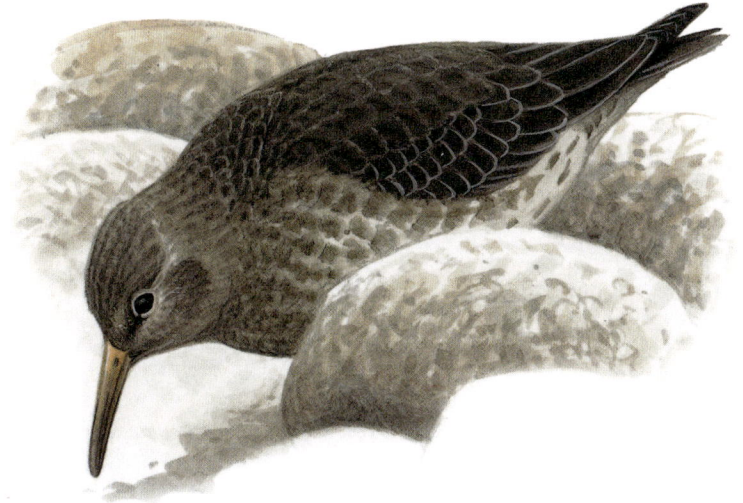

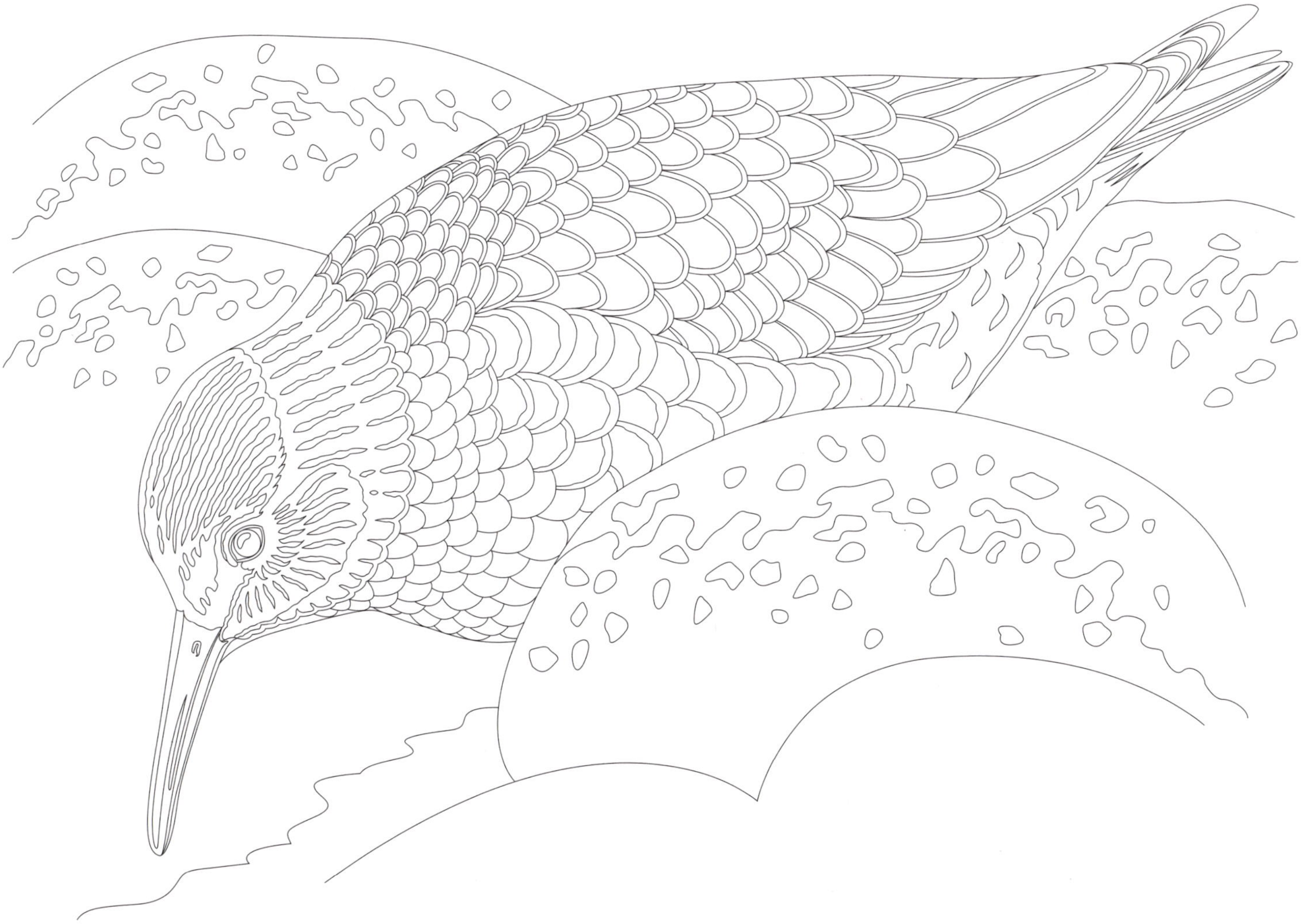

Agachadiza común

El vuelo zigzagueante de la agachadiza común es el motivo por el que es tan popular entre los cazadores. Su pico recto es el más largo, en proporción al cuerpo, de todas las limícolas.

Zarapito trinador

Aunque siempre es un placer
observar a los zarapitos, son sus
graznidos «lastimeros» los que
los convierten en una de las aves
zancudas más populares.

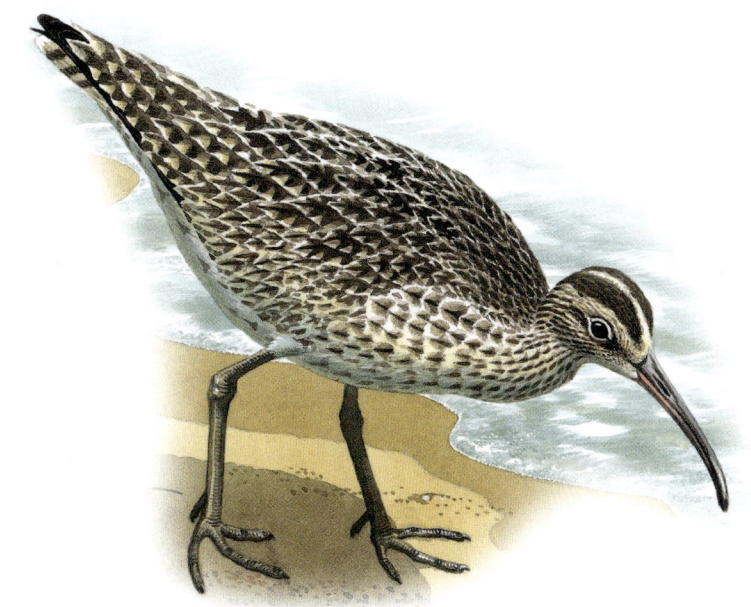

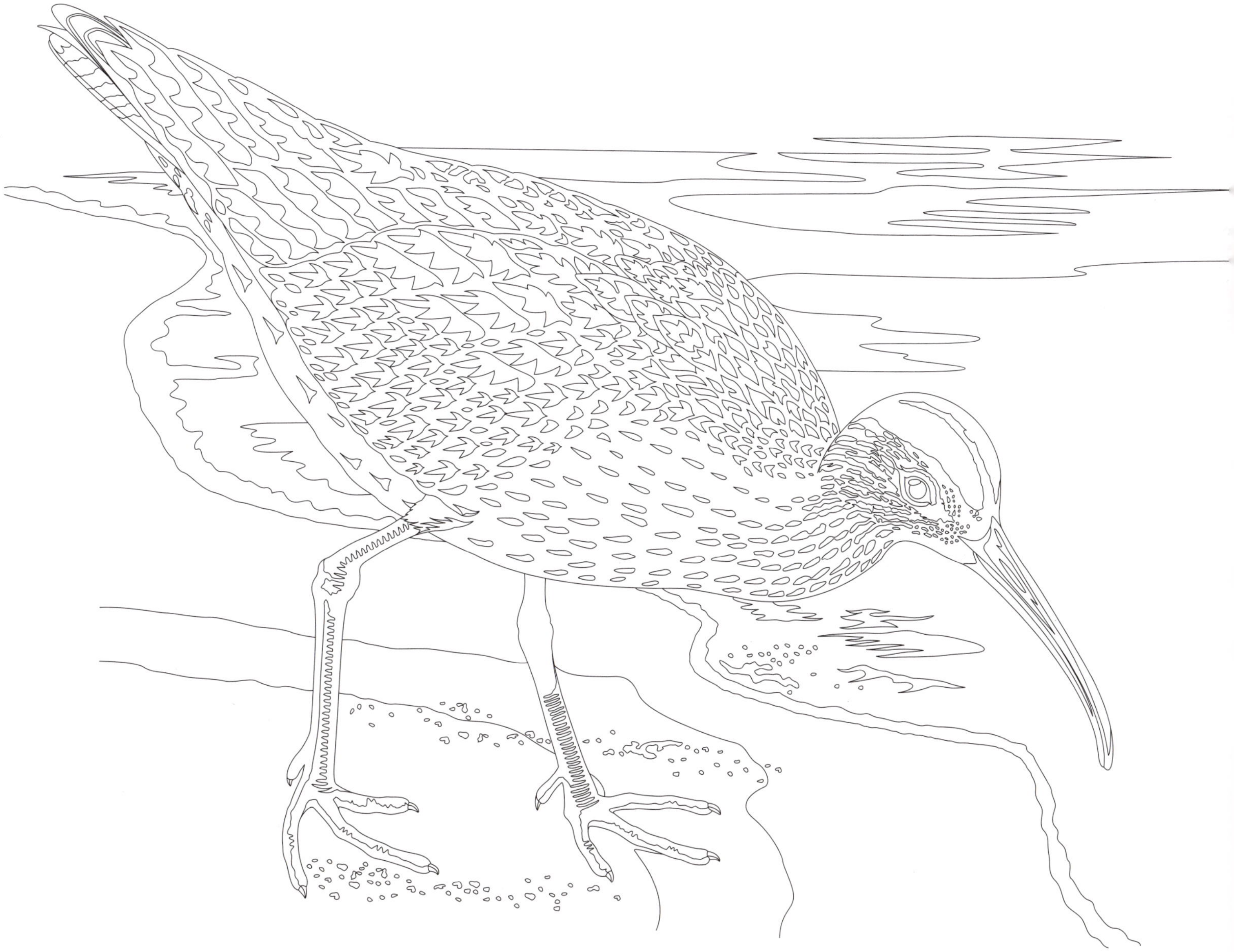

Falaropo picofino

Esta especie de falaropo es una de
las más fáciles de identificar: basta
con buscar el cuello rojo que da a
estas aves su nombre común.

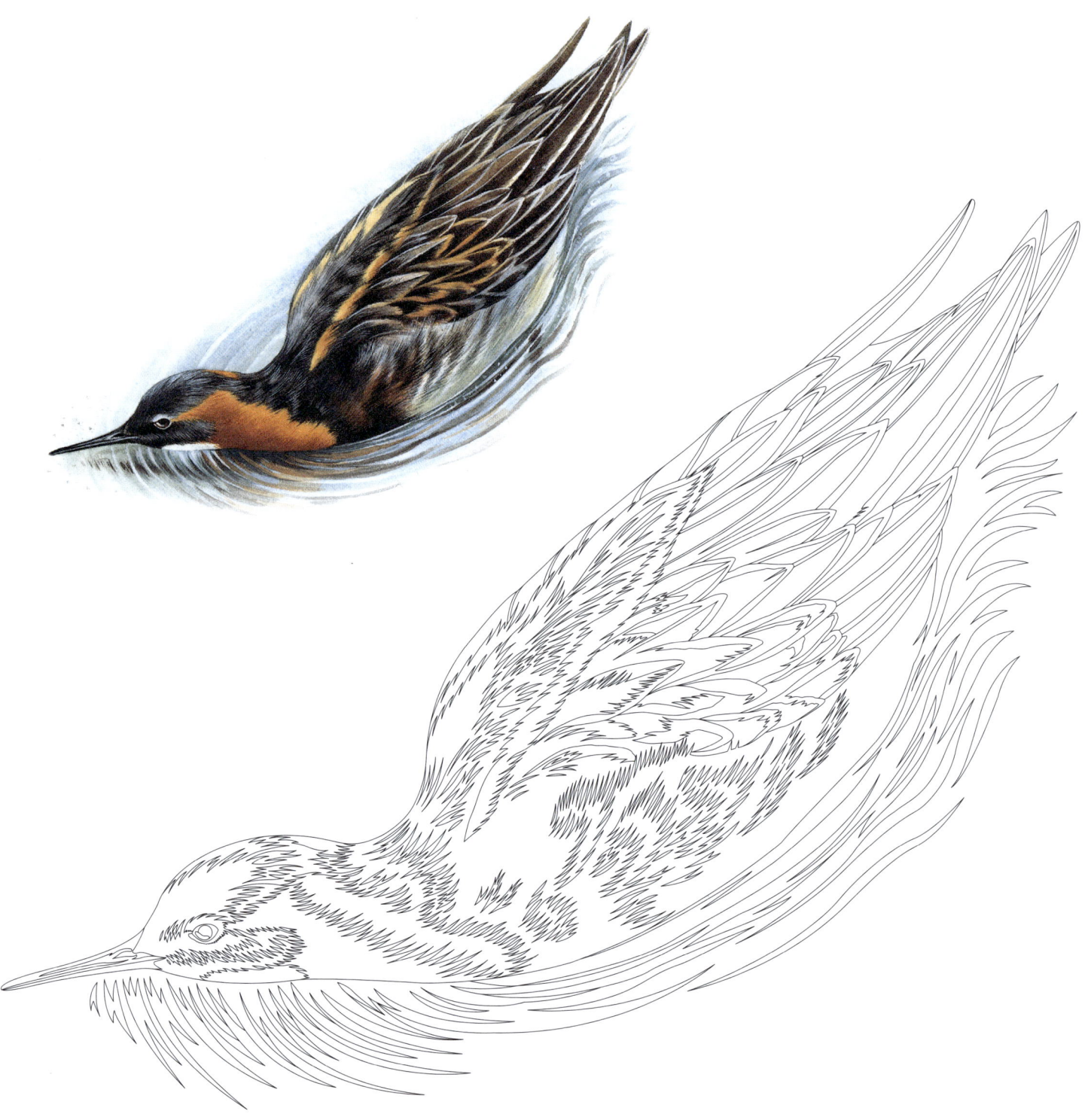

Págalo grande

Esta ave grande y fuerte es una
auténtica pirata, que a menudo
intimida a otras aves marinas para
que le entreguen sus capturas.

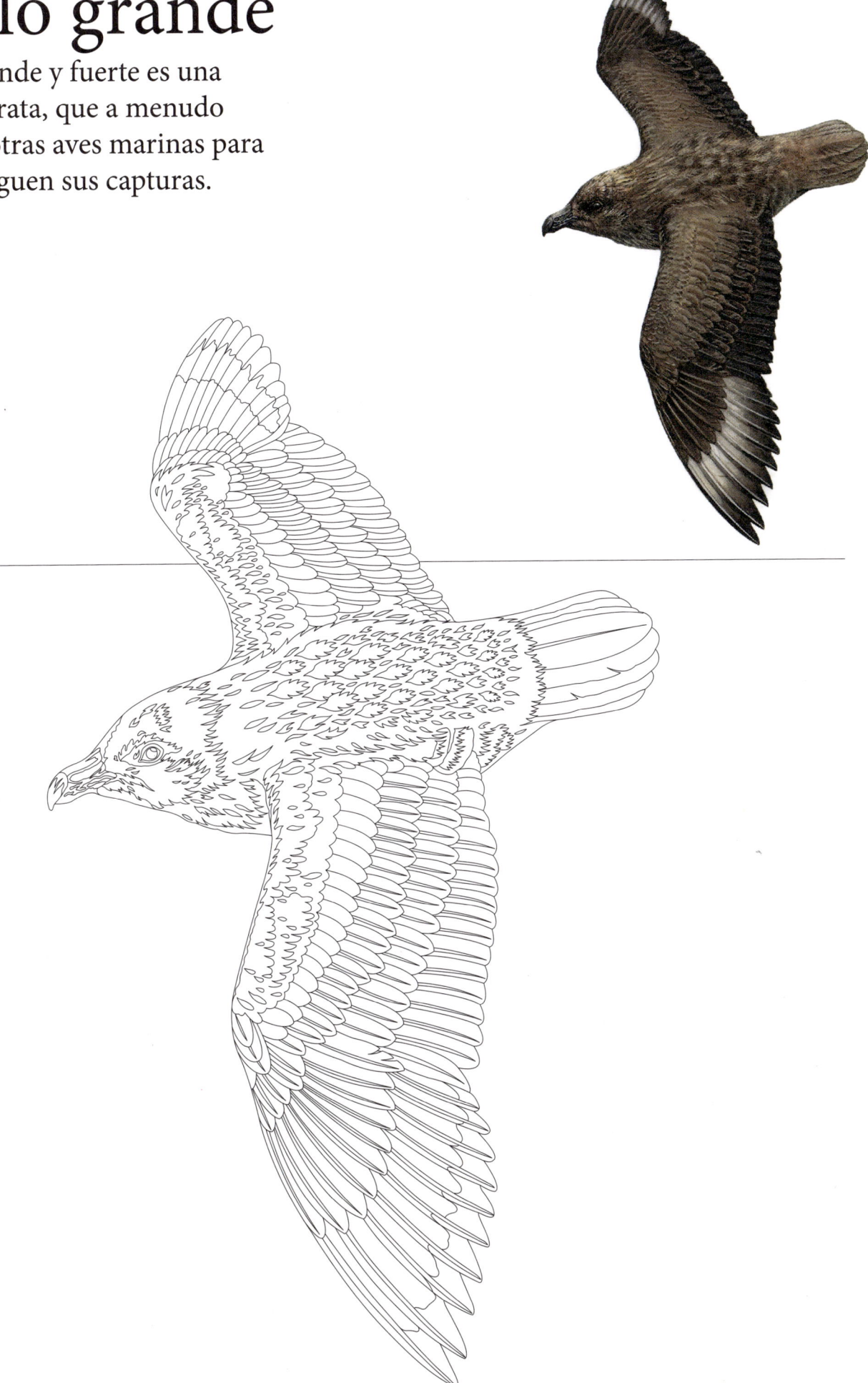

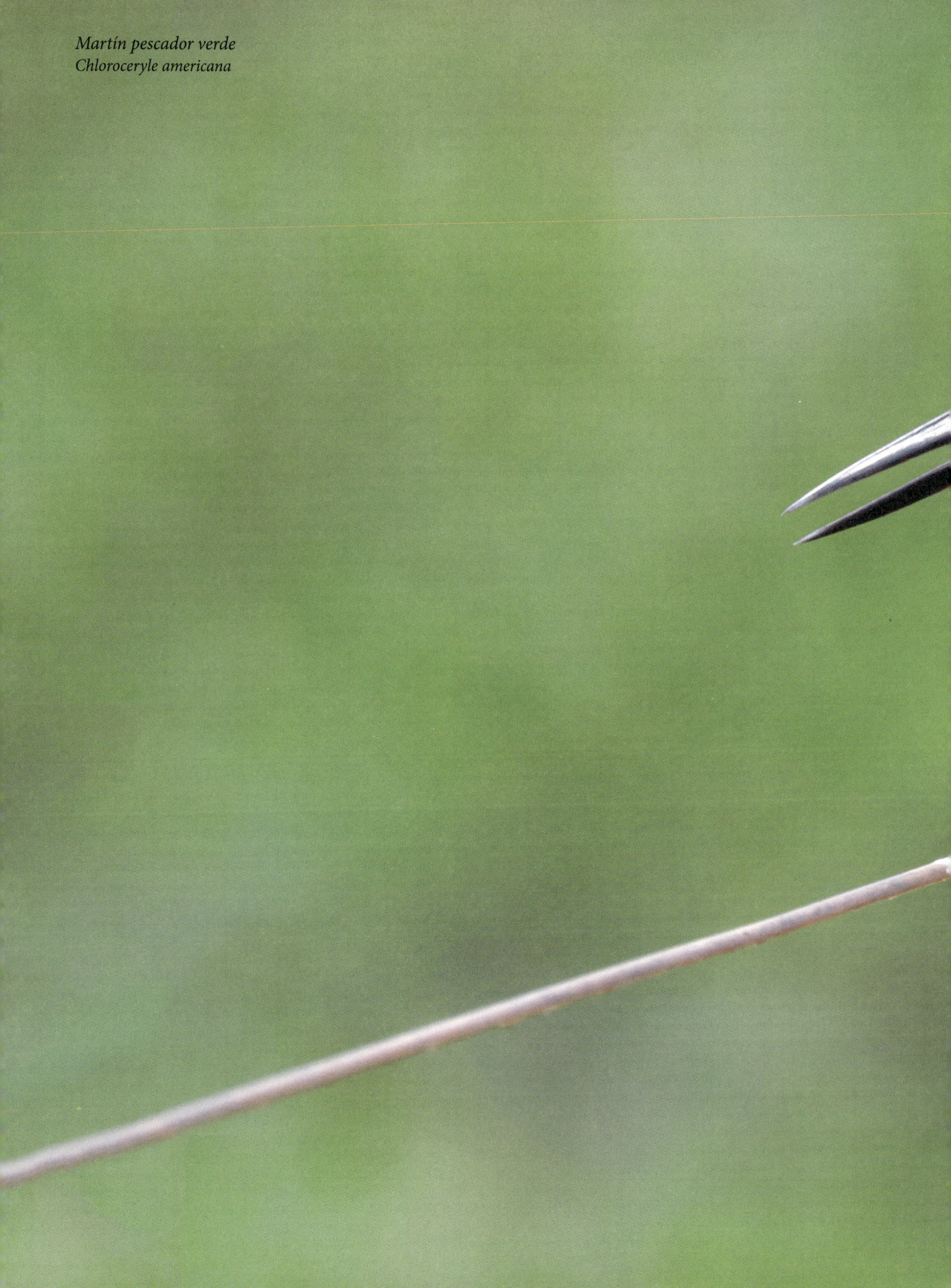

Martín pescador verde
Chloroceryle americana

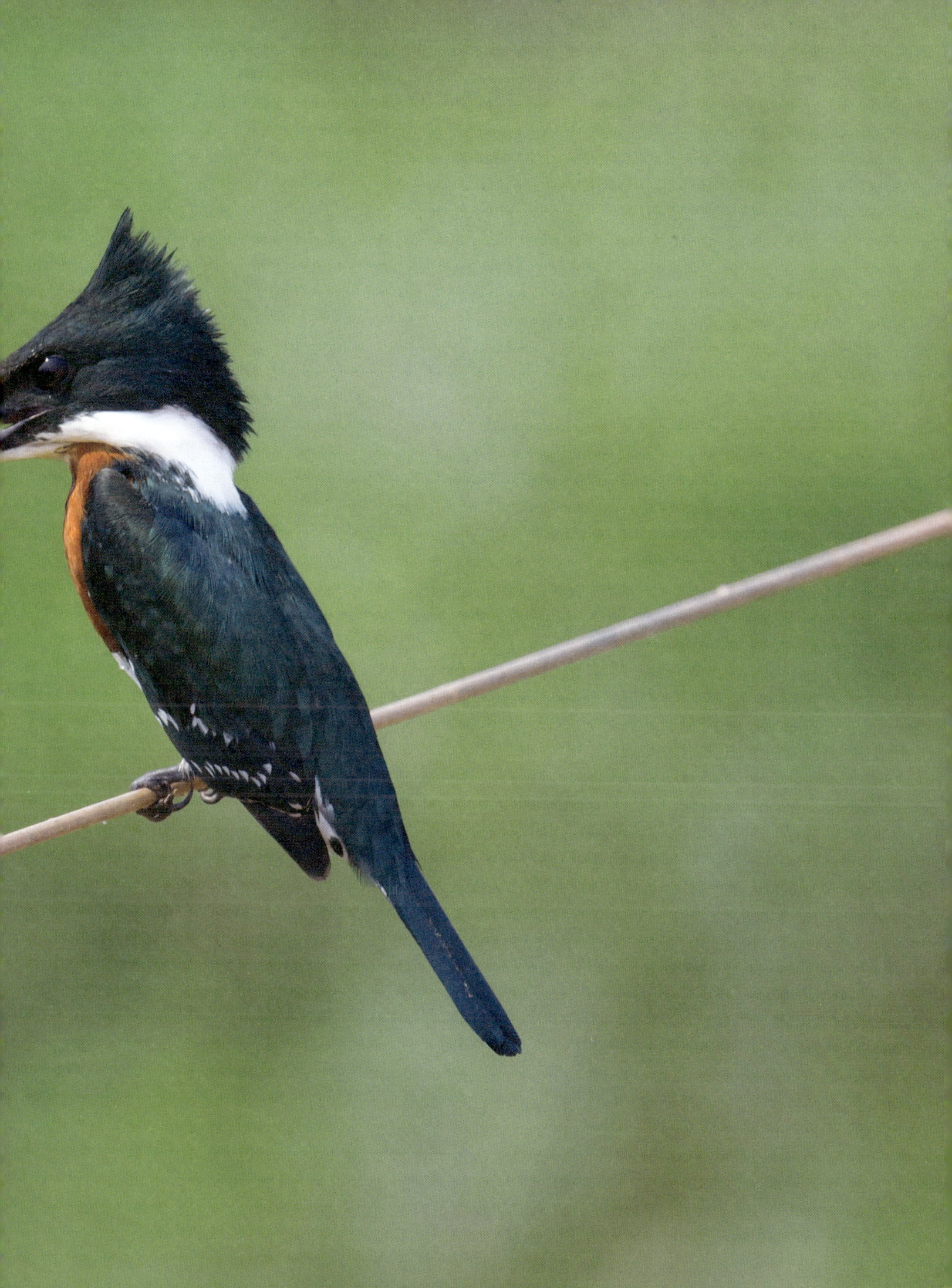

Fumarel común

Con su cuerpo aerodinámico de color negro azabache, sus alas gris pizarra y su pico afilado y brillante, el fumarel común o gaviotín negro es un bello miembro de la amplia familia de los charranes.

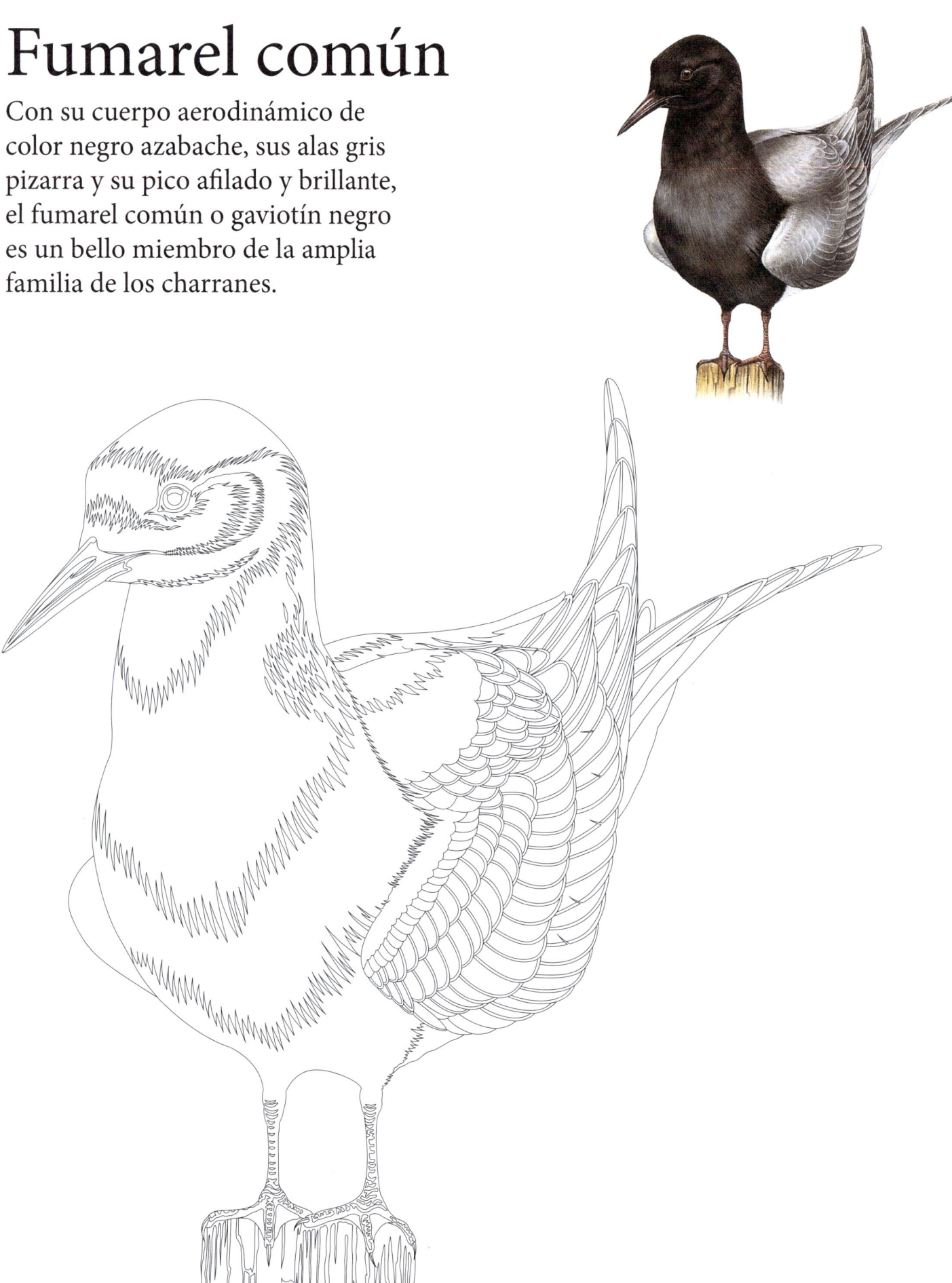

Charrán ártico

Los charranes árticos son
auténticos atletas aviares. Vuelan
de polo a polo para disfrutar de los
beneficios de dos veranos al año.

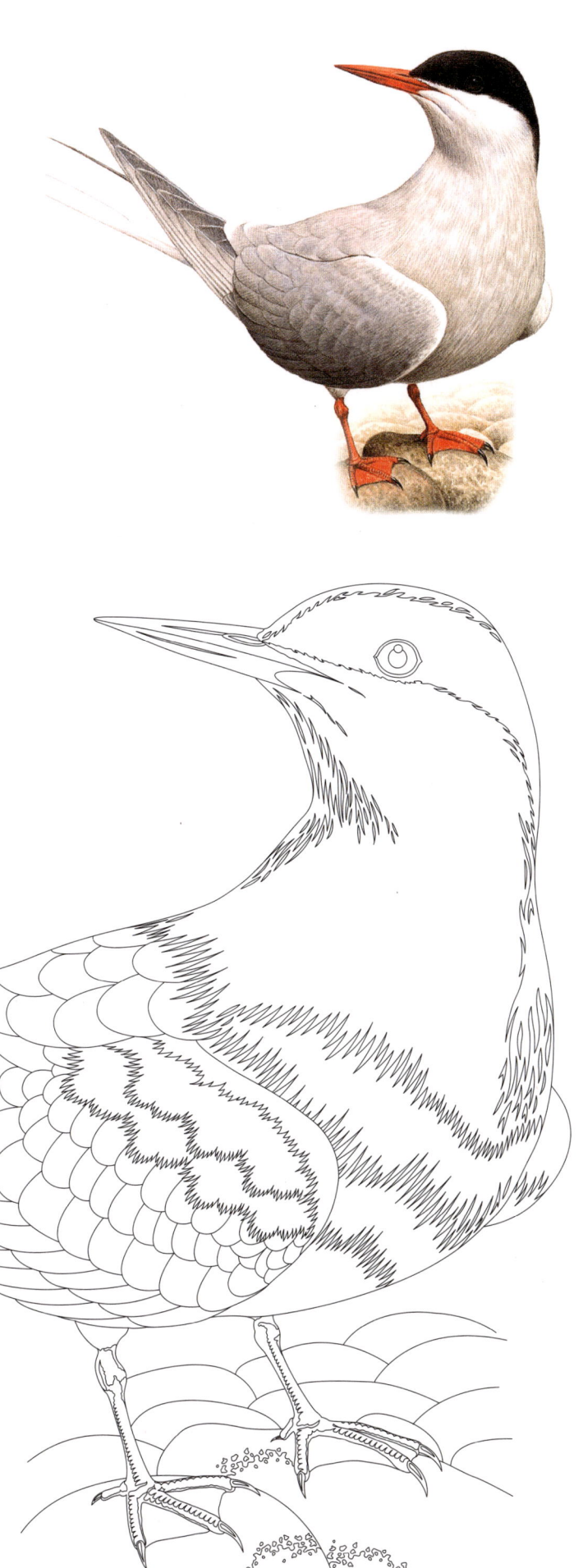

Charrán real

Los charranes reales hacen sus nidos en el suelo de las islas bajas. Defecan en el borde del nido, que con el tiempo se endurece y lo refuerza contra las inundaciones.

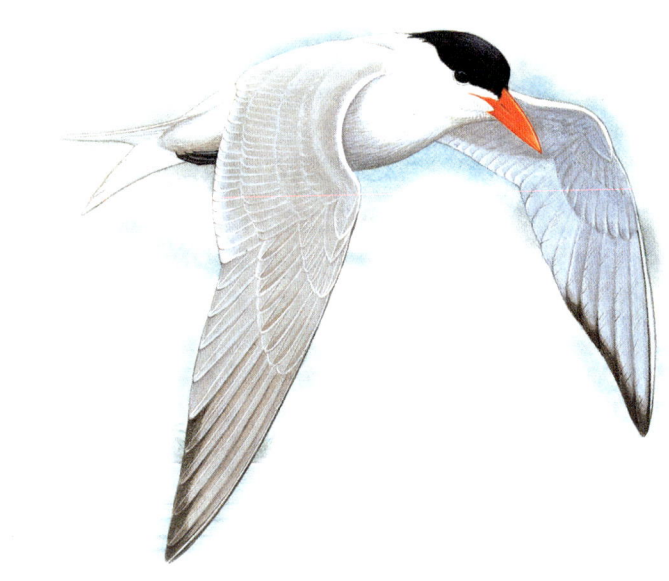

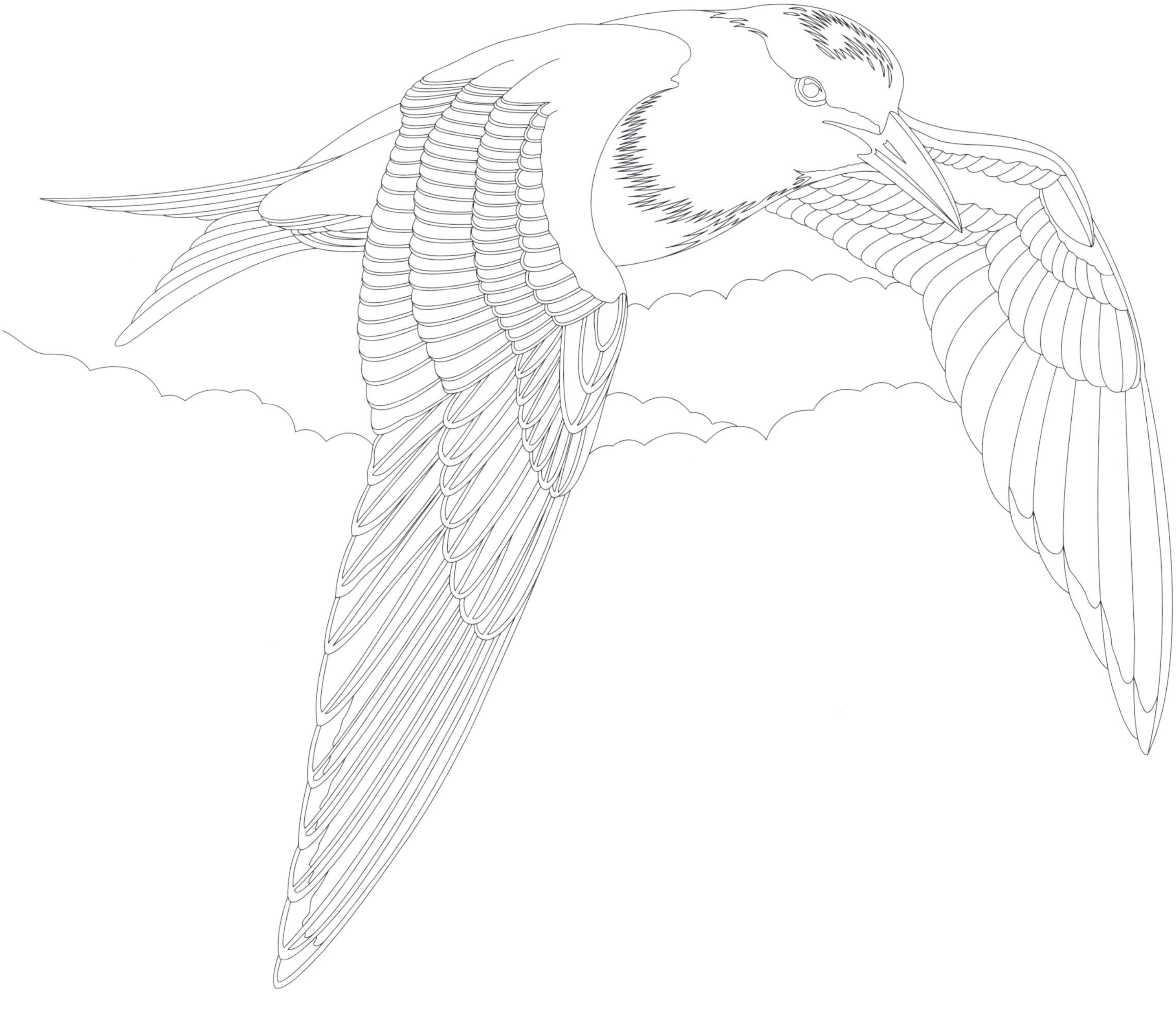

Garza blanca

La garceta blanca nevada esperará
pacientemente durante horas en la
orilla del agua hasta que pase un
sabroso manjar.

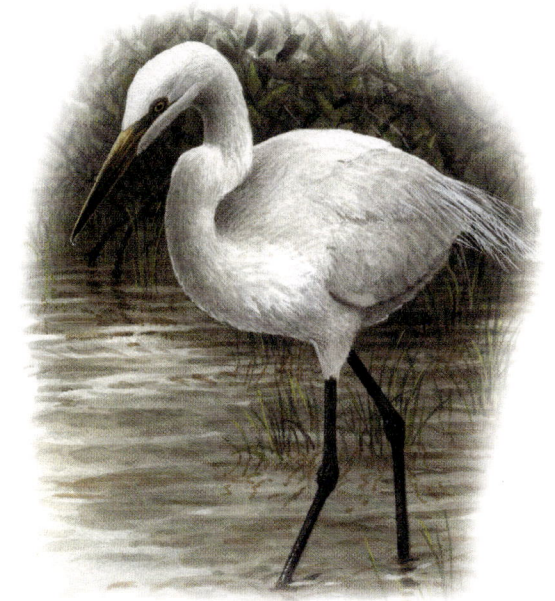

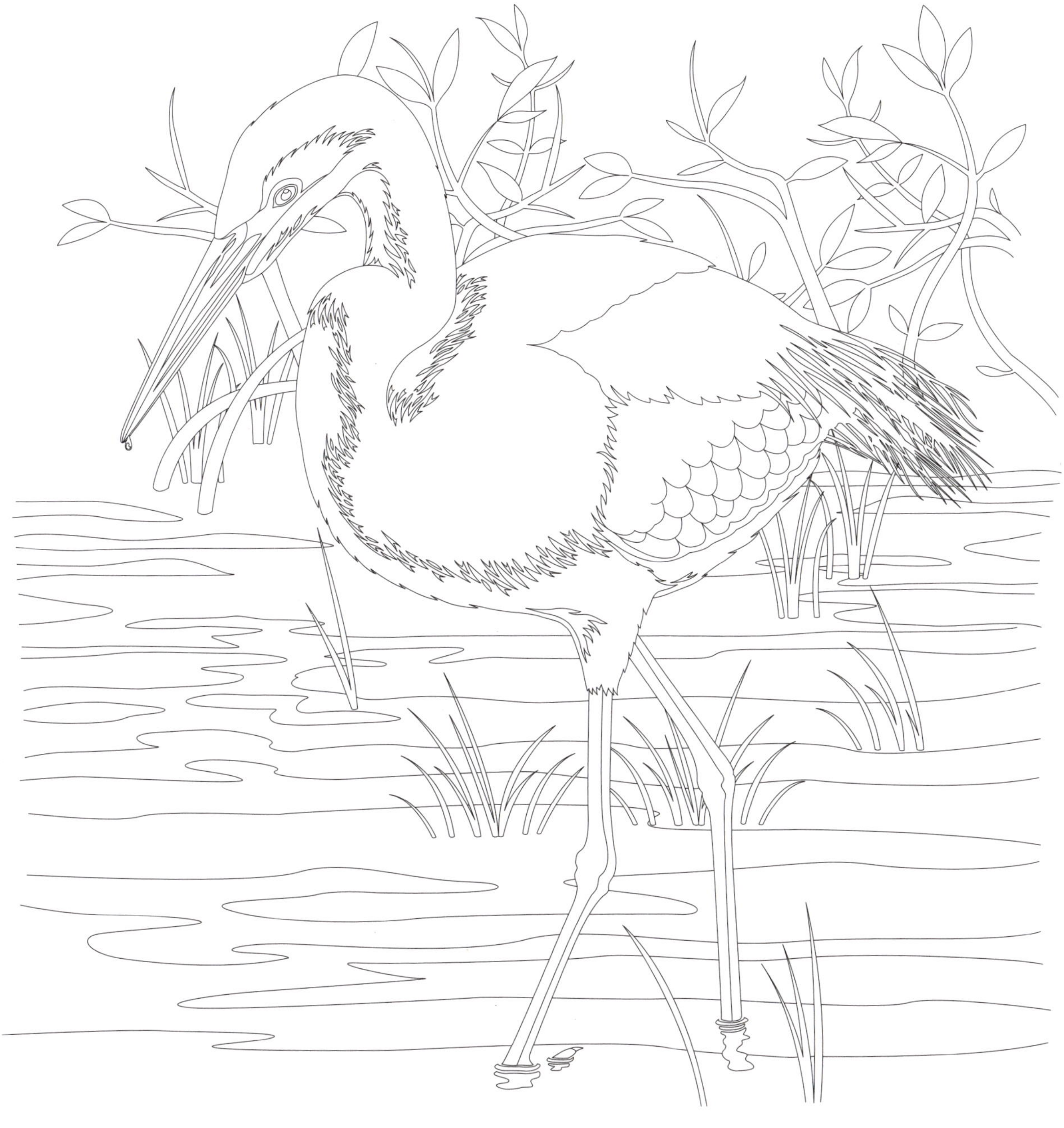

Garza bueyera

La garcilla bueyera se encontraba en el sur de Europa, pero en el último siglo se ha extendido a la mayor parte del mundo.

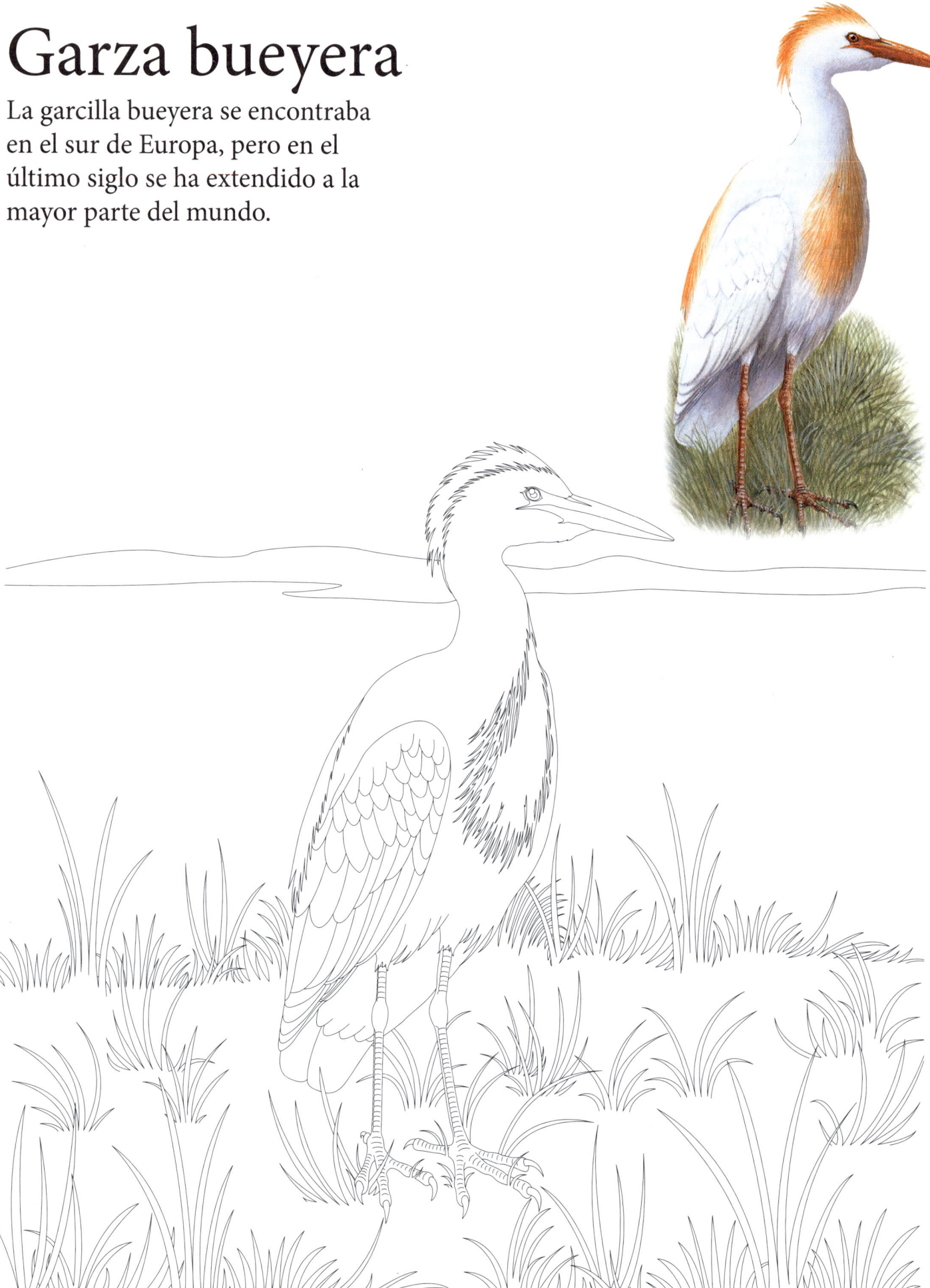

Paloma bravía

La paloma bravía –o paloma
doméstica–, descendiente de
la paloma bravía salvaje, es
un animal muy familiar para
los habitantes de las grandes
ciudades.

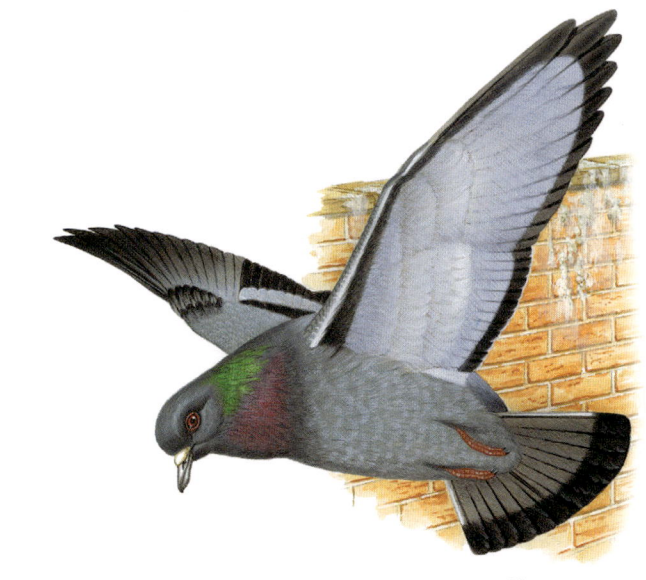

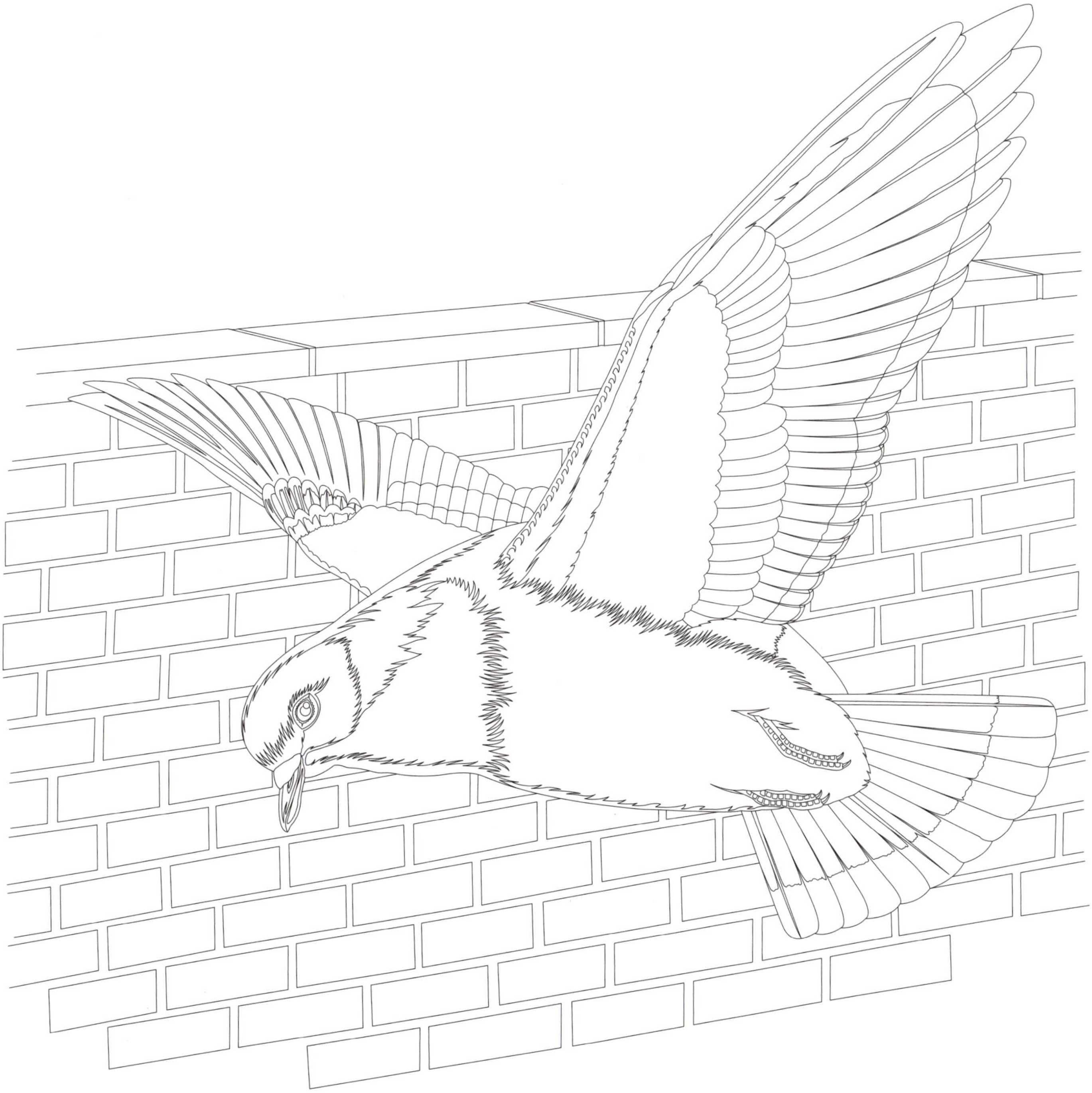

Águila real

Pocas aves en el mundo pueden compararse con el águila real en términos de majestuosidad, belleza y poderío físico.

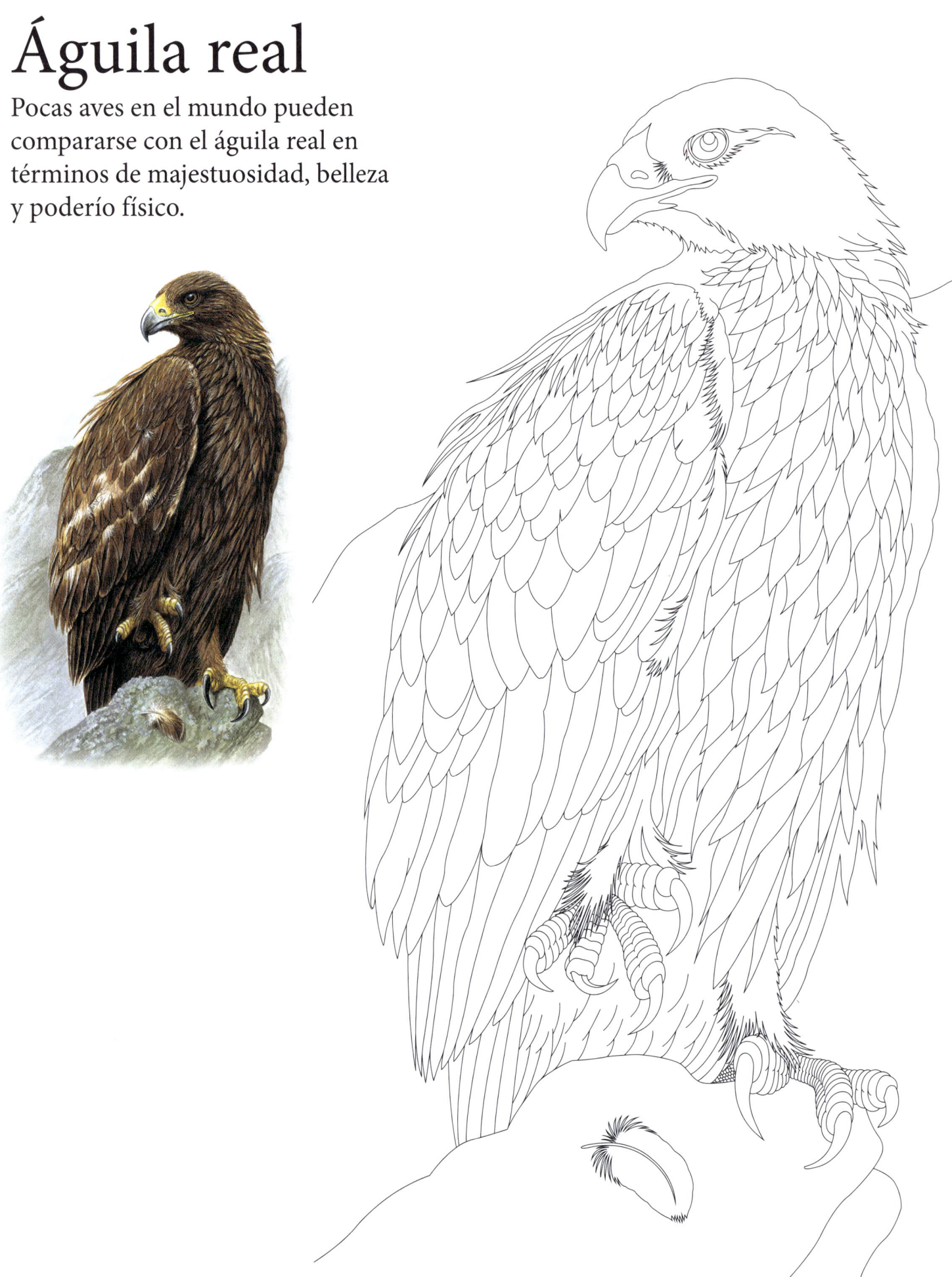

Águila ratonera

También llamado busardo
ratonero, es una gran ave rapaz,
y sigue siendo un animal común
en gran parte de Europa, puesto
que puede adaptarse a una gran
variedad de entornos.

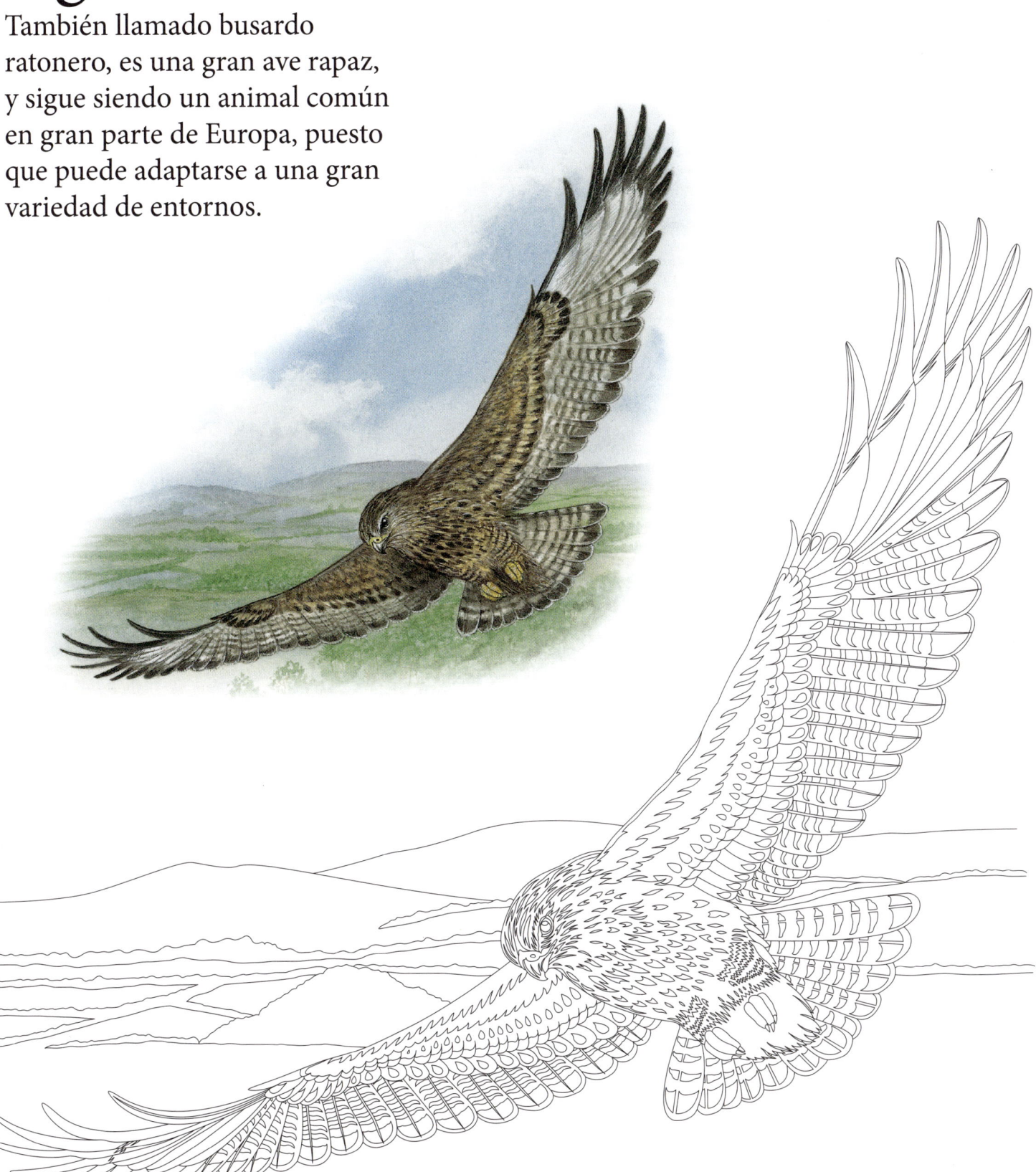

Aguilucho pálido

En el pasado, al aguilucho
pálido –un ave muy elegante–,
lo perseguían los dueños de los
cotos de caza porque atacaba a
sus futuras presas. Por suerte,
ahora están protegidos en
gran parte de su área
de distribución.

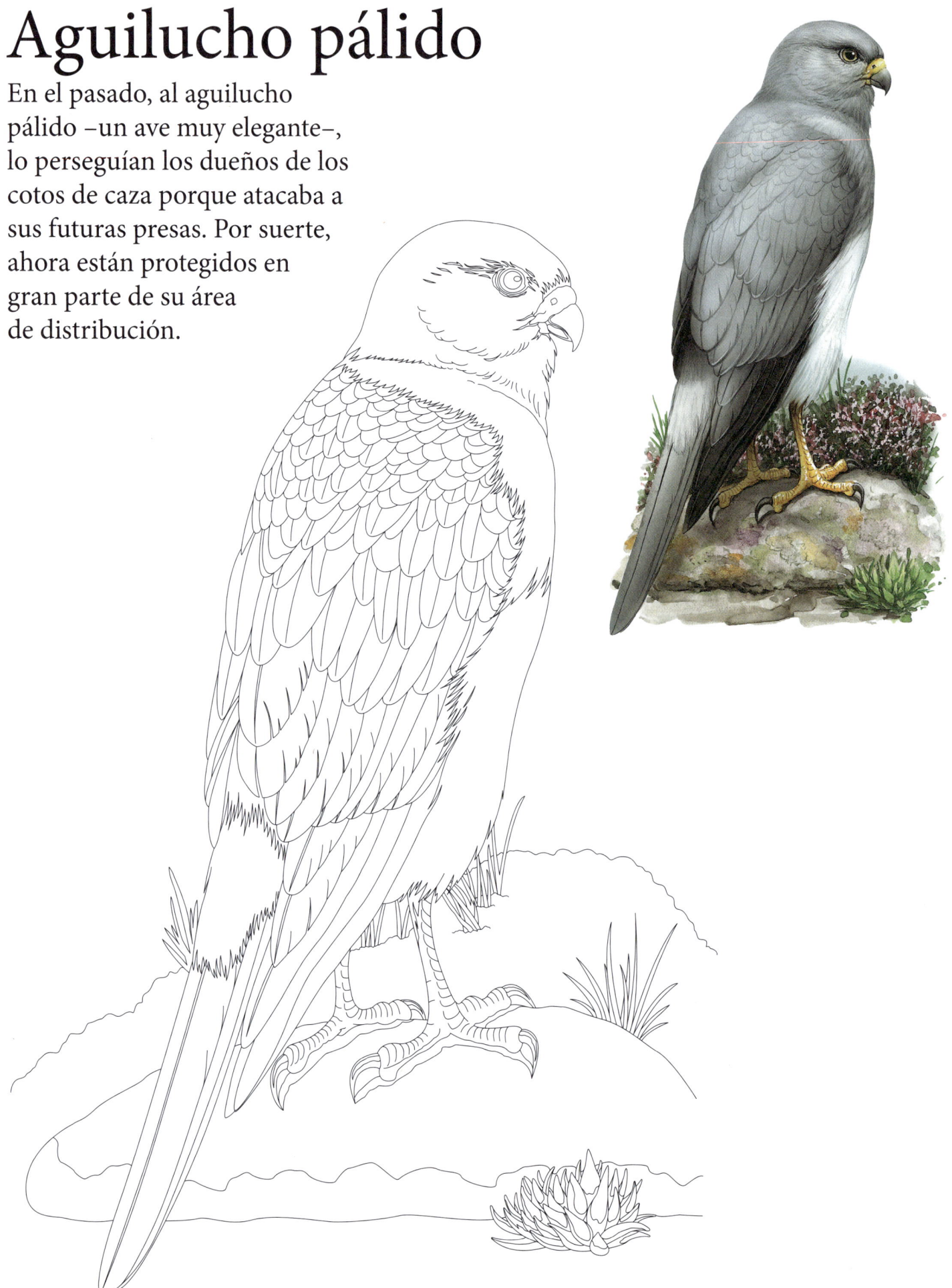

Águila calva

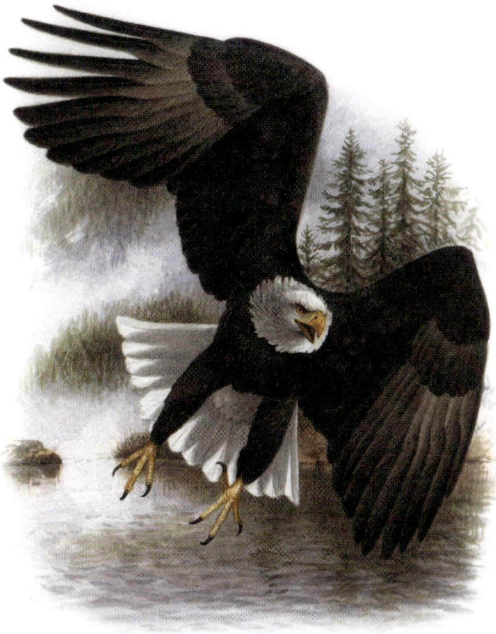

Parece apropiado que el águila calva,
símbolo nacional de Estados Unidos,
sea una de las grandes superpotencias
del mundo de las aves.

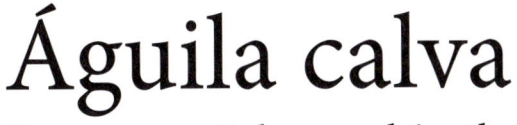

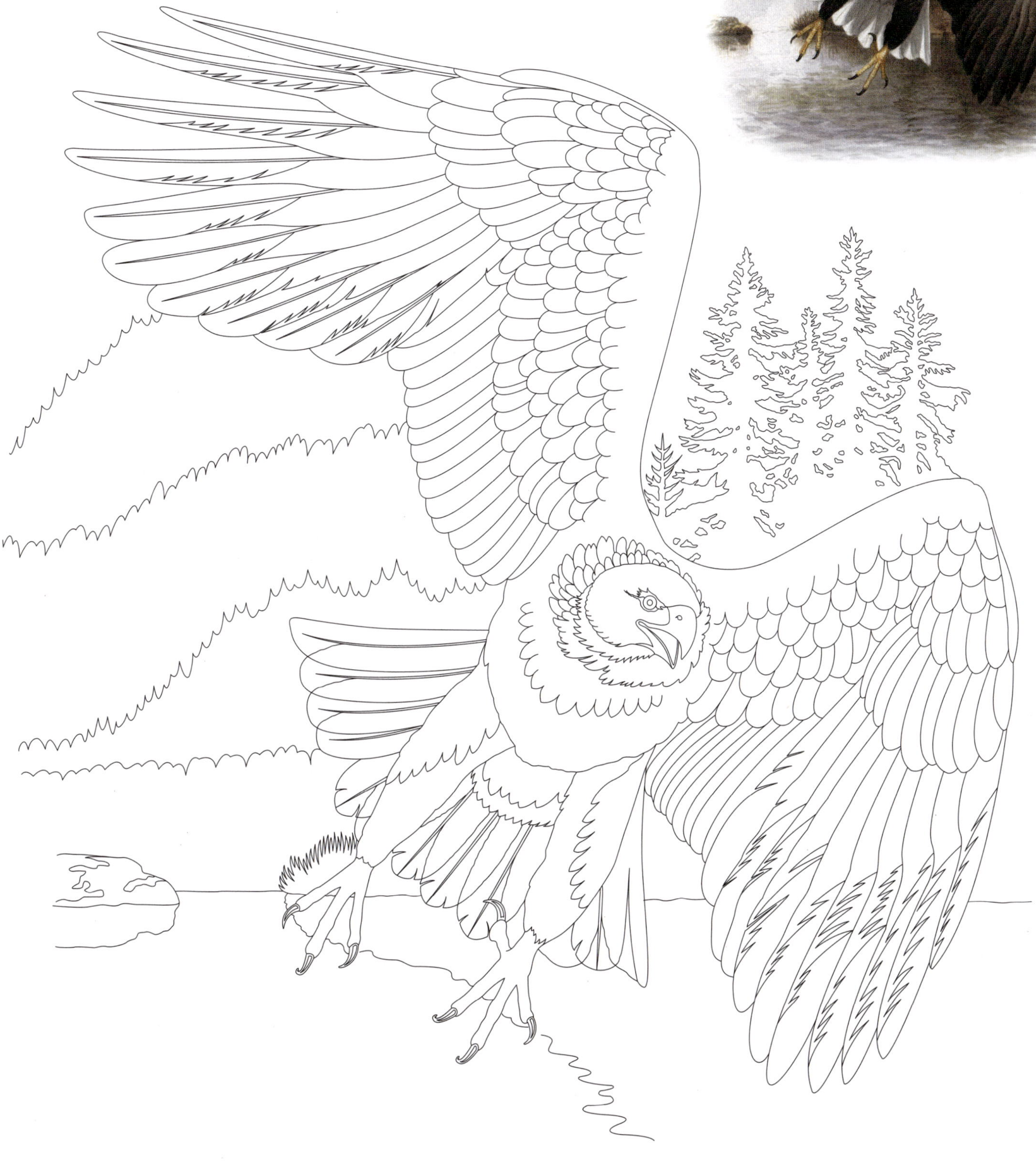

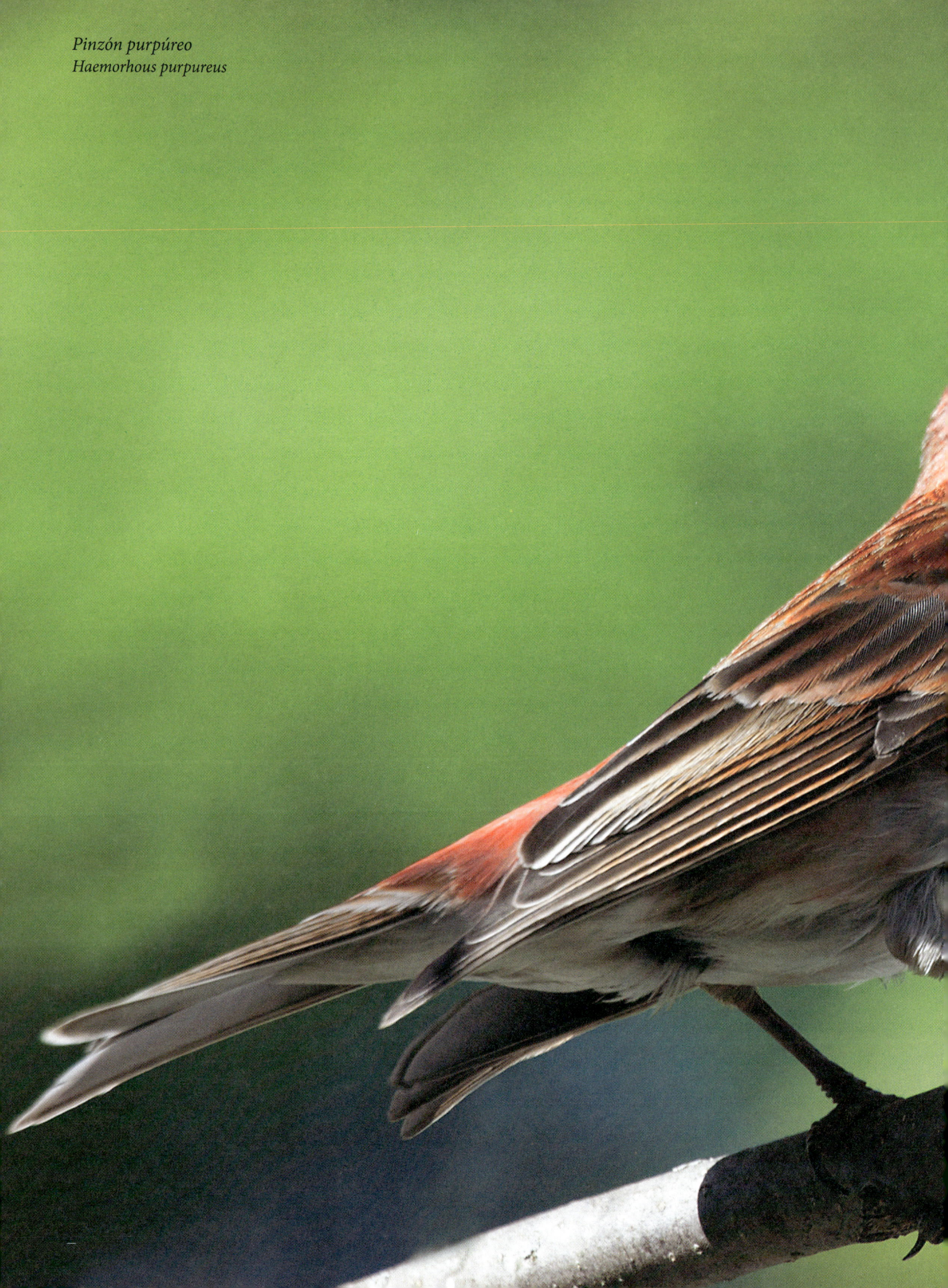

Pinzón purpúreo
Haemorhous purpureus

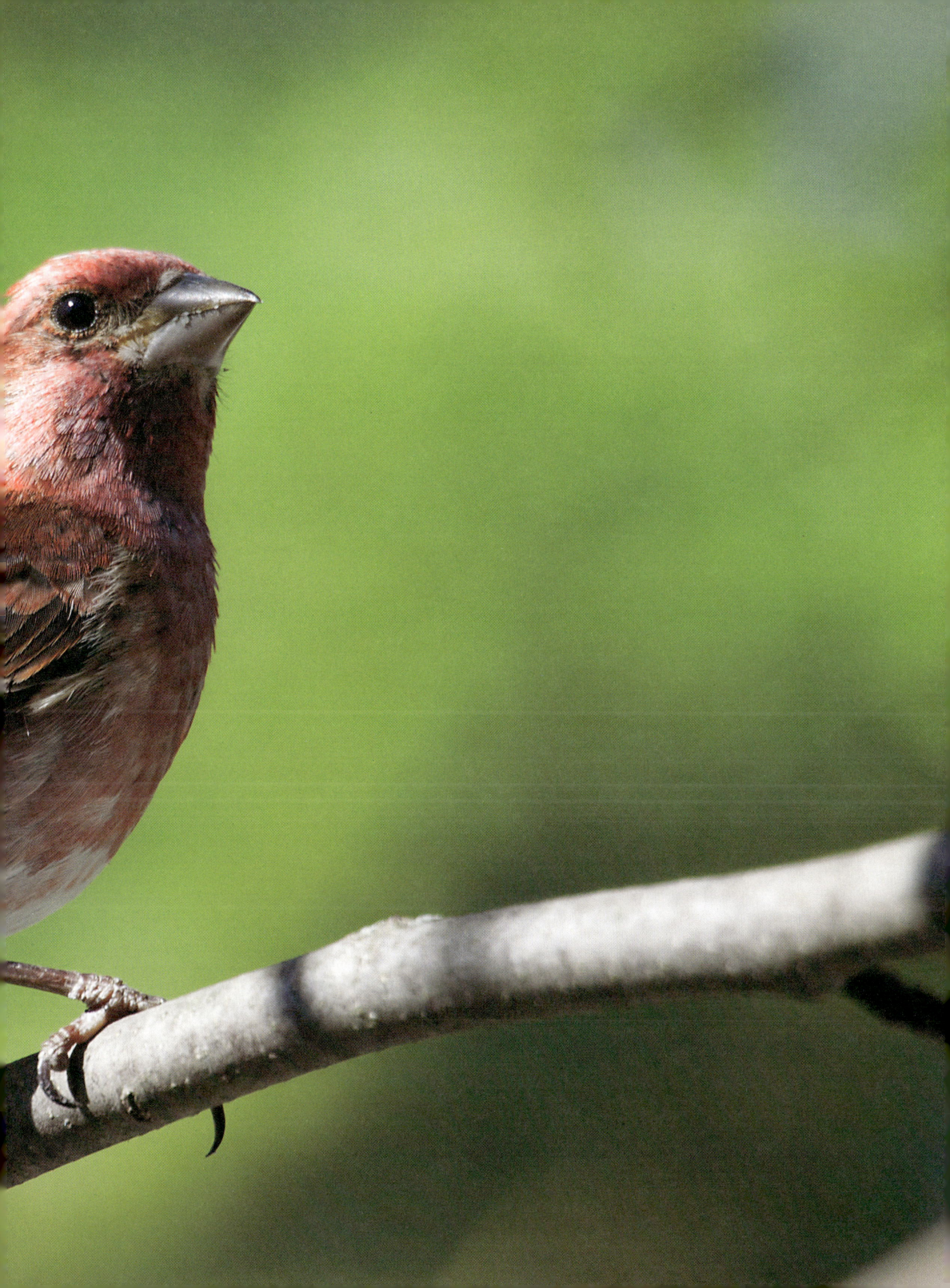

Cóndor de California

El majestuoso cóndor de California era venerado por los pueblos antiguos. Ahora, por desgracia, llama la atención por ser una de las aves más amenazadas del mundo.

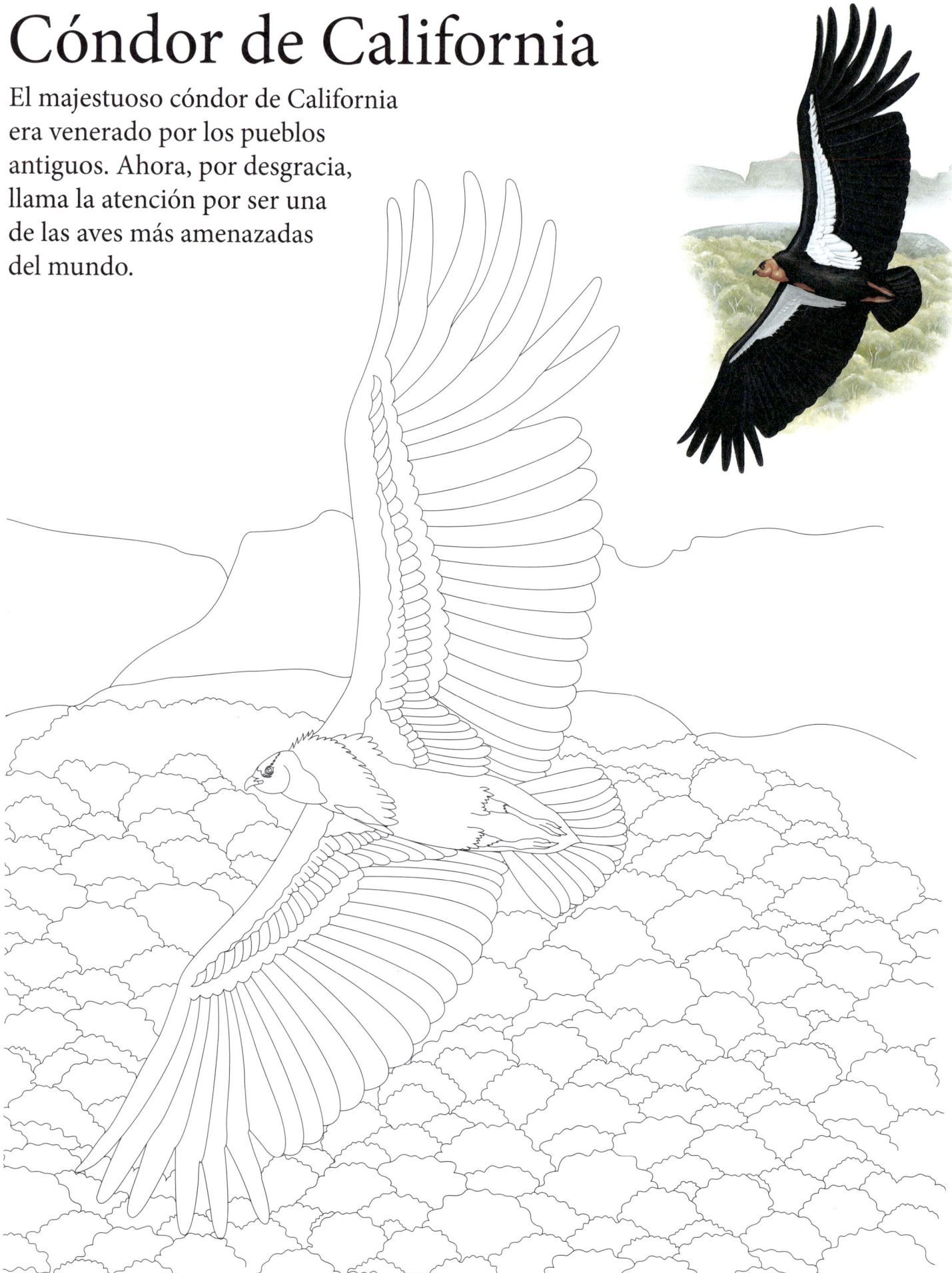

Caracara norteño

Los caracaras pueden ser aves predadoras, pero entre sus costumbres también están la búsqueda de carroña y robar a otras aves,

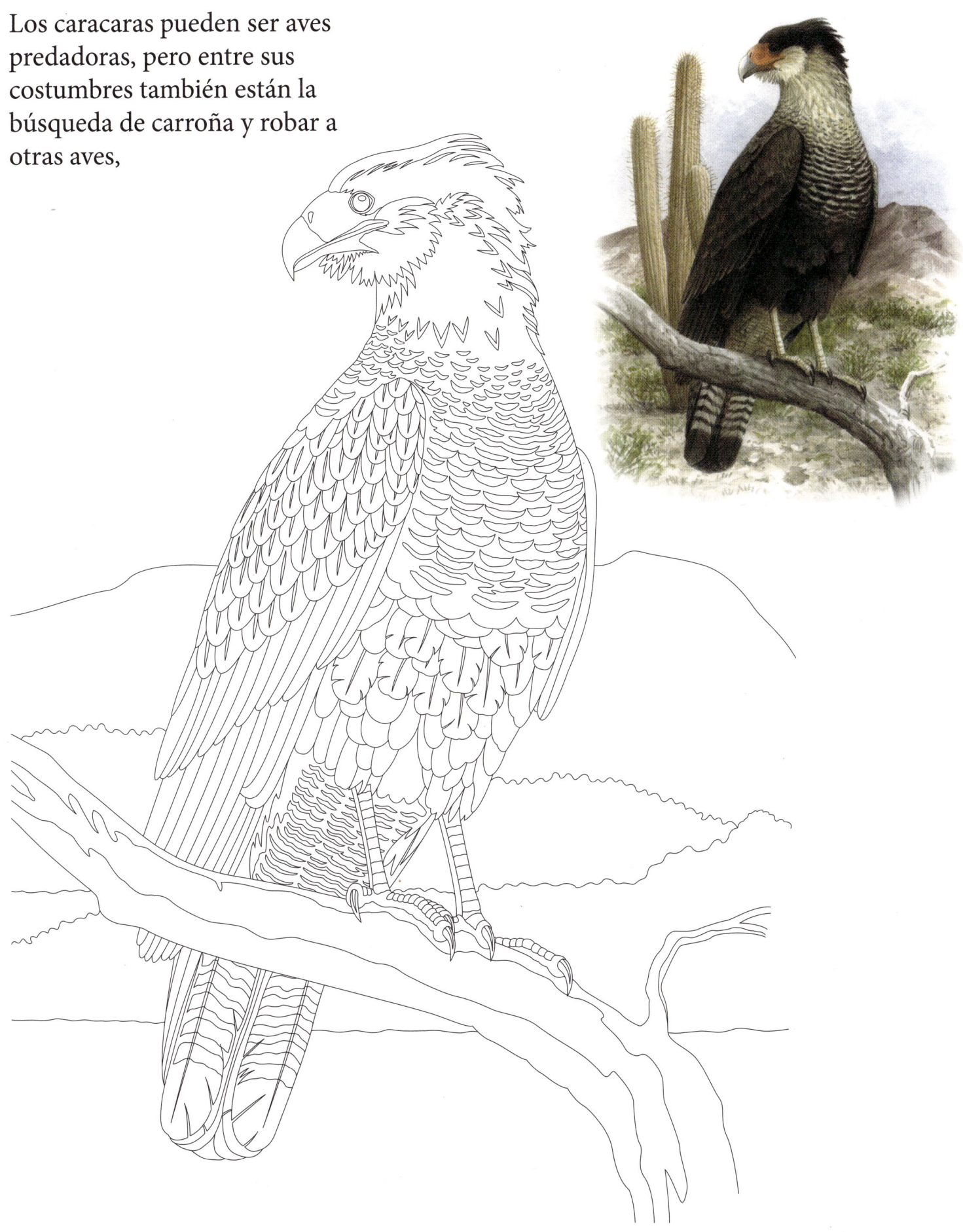

Esmerejón

El esmerejón es famoso –y
con justicia– por su belleza
y su destreza en la caza. Para
muchos amantes de las aves,
el avistamiento de una de
estas gráciles aves resulta un
momento mágico.

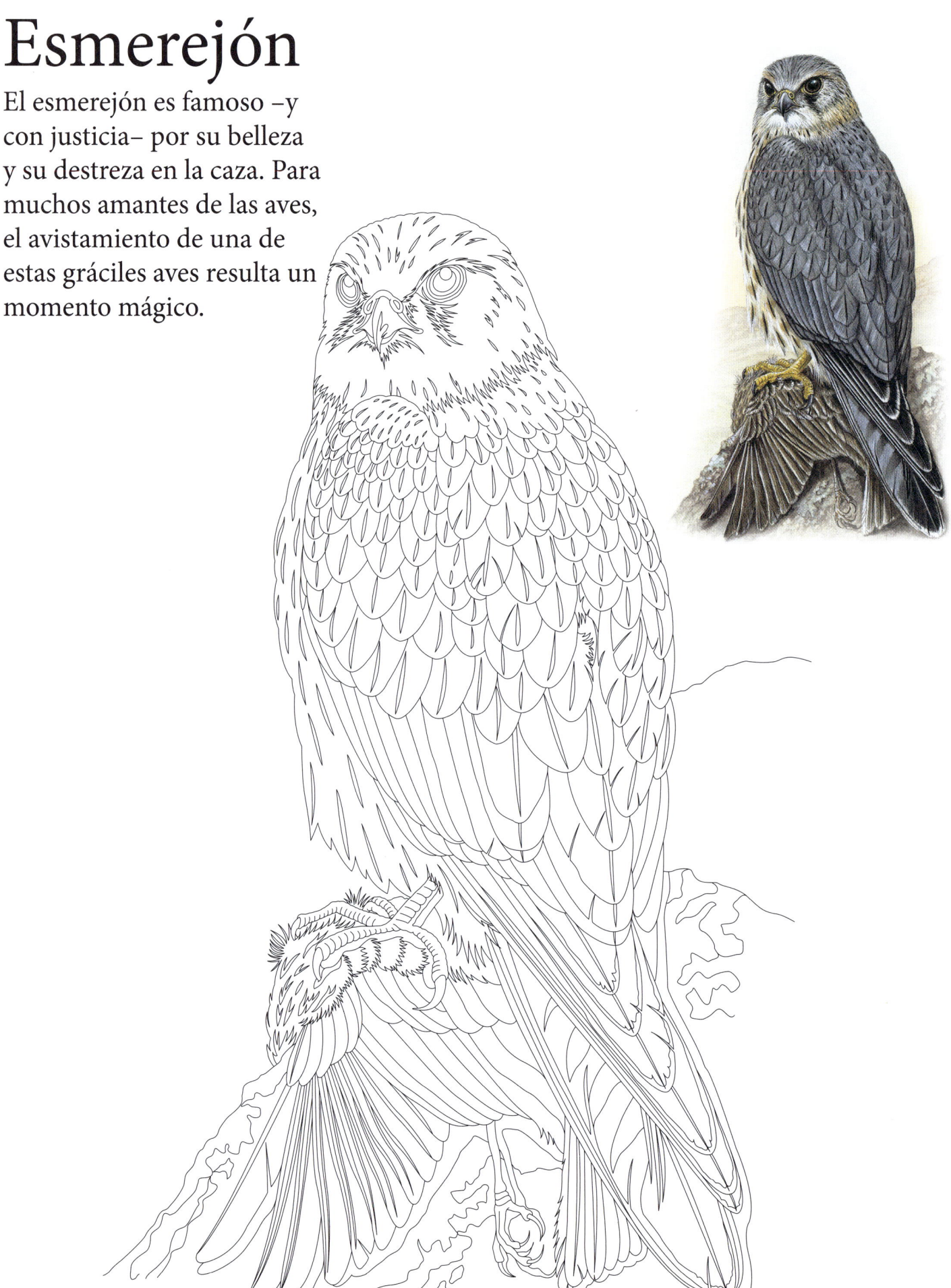

Halcón peregrino

Alcanza velocidades de más de
290 km/h cuando se lanza en
picado para cazar a sus presas: esta
es, sin duda, una de las criaturas
más rápidas de la Tierra.

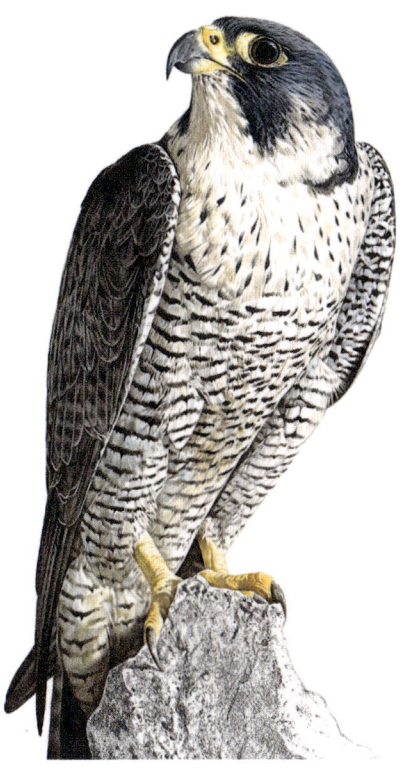

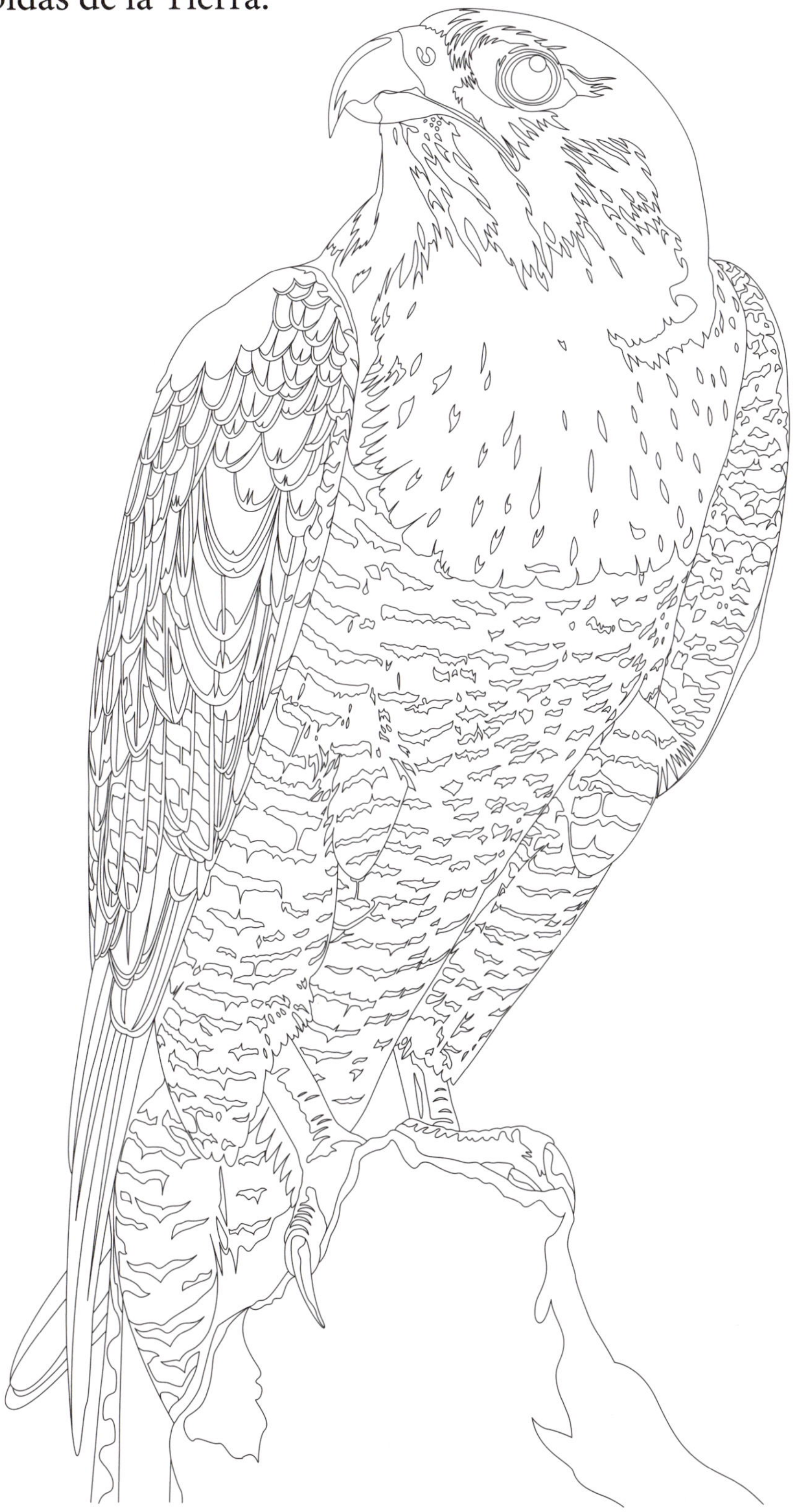

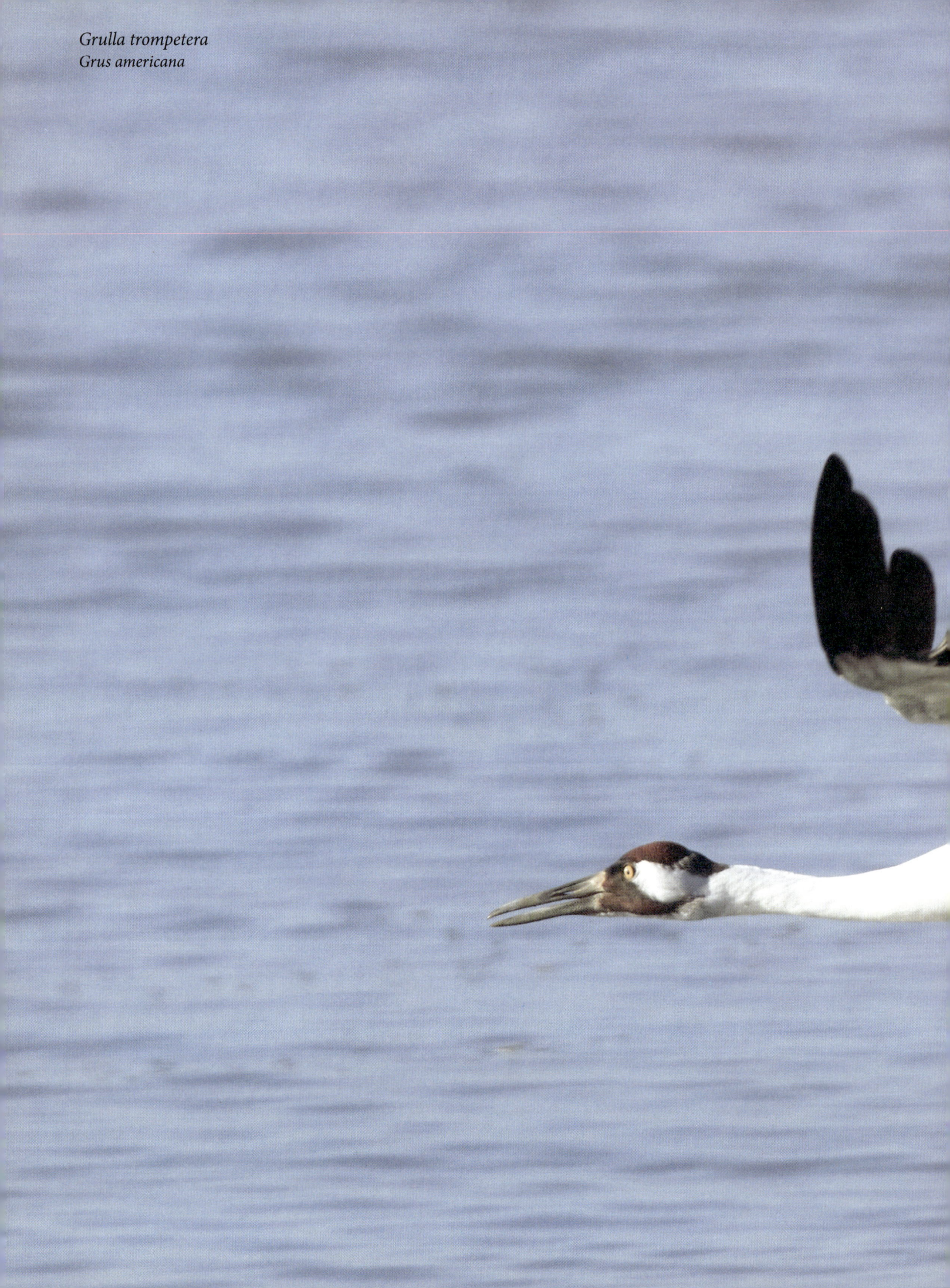

Grulla trompetera
Grus americana

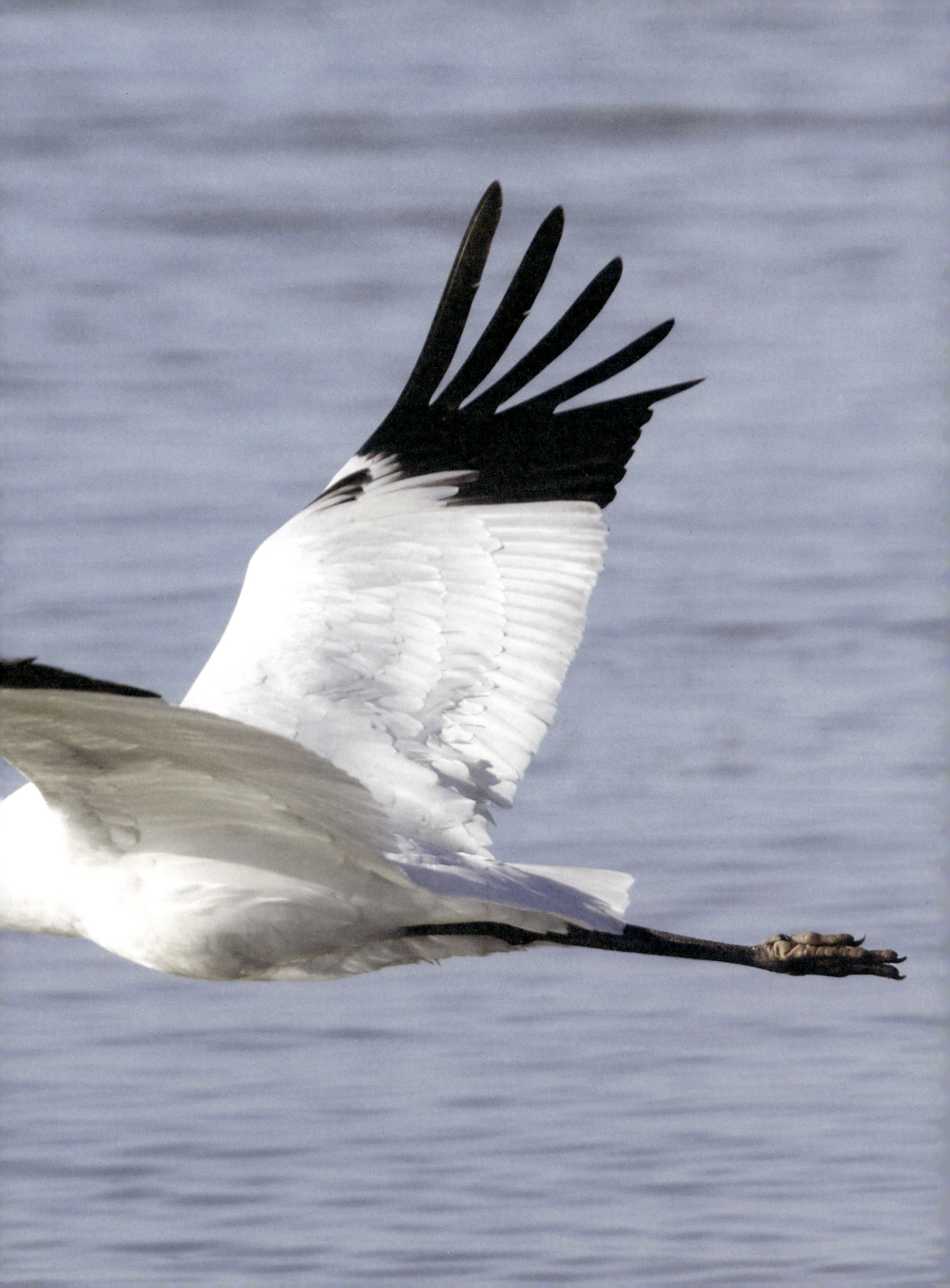

Águila pescadora

Al águila pescadora, tan singular
y especializada, también se la
conoce como halcón marino,
alieto, guincho o gavilán pescador,
nombres que celebran las
magníficas habilidades
pesqueras de estas aves.

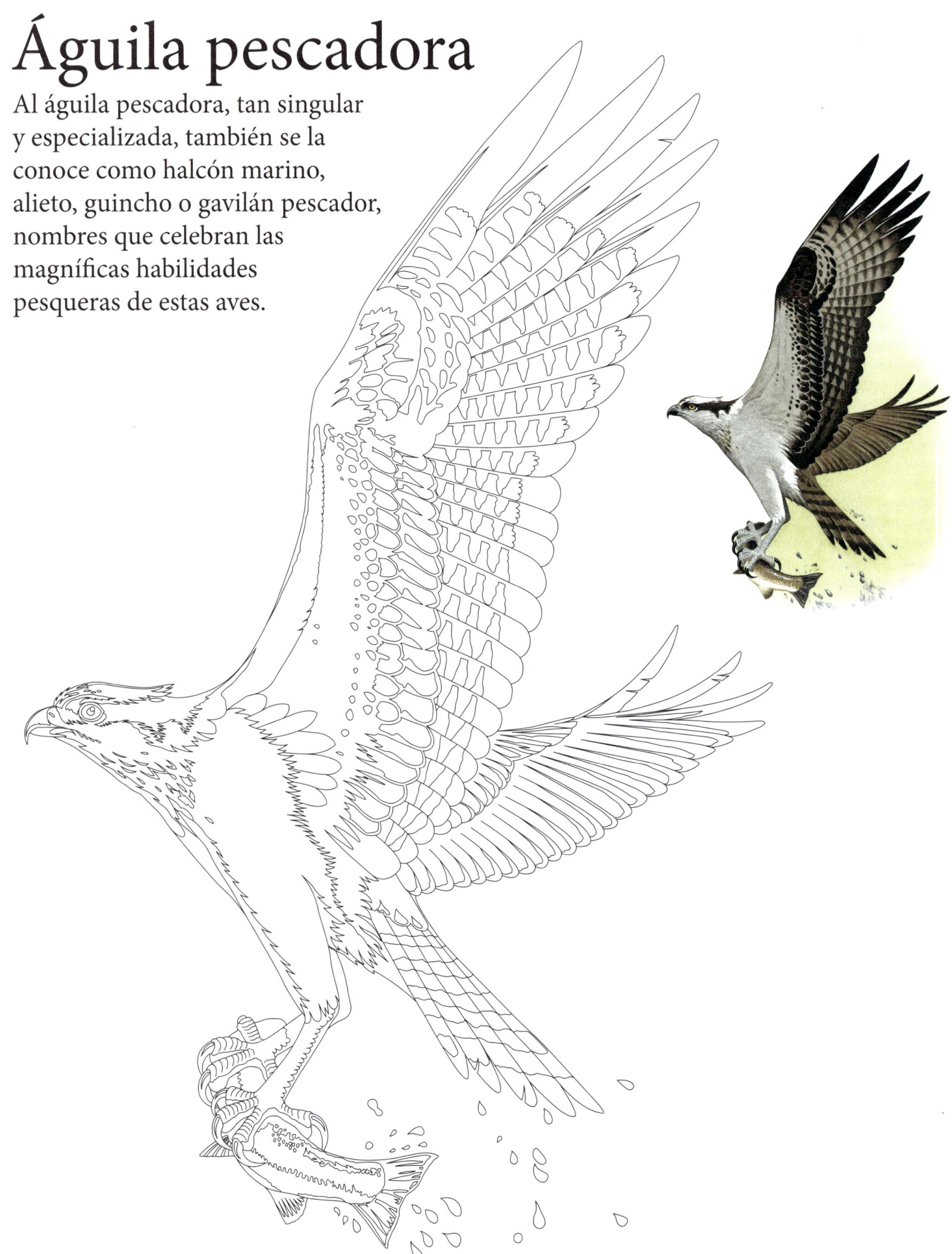

Pollo

El pollo (la cría del gallo y de la gallina) ha formado parte de la historia de la humanidad desde que nuestros antepasados aprendieron a cultivar la tierra y llegaron a Europa alrededor del siglo VII a. C.

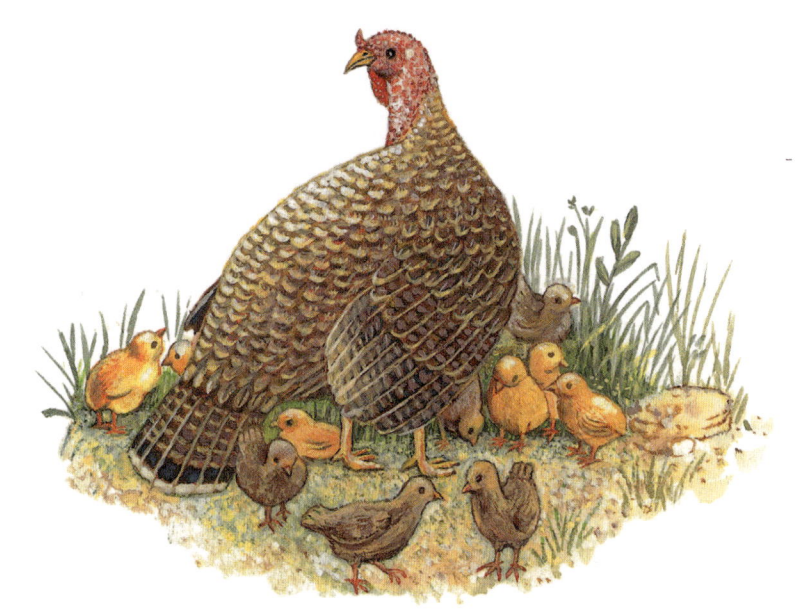

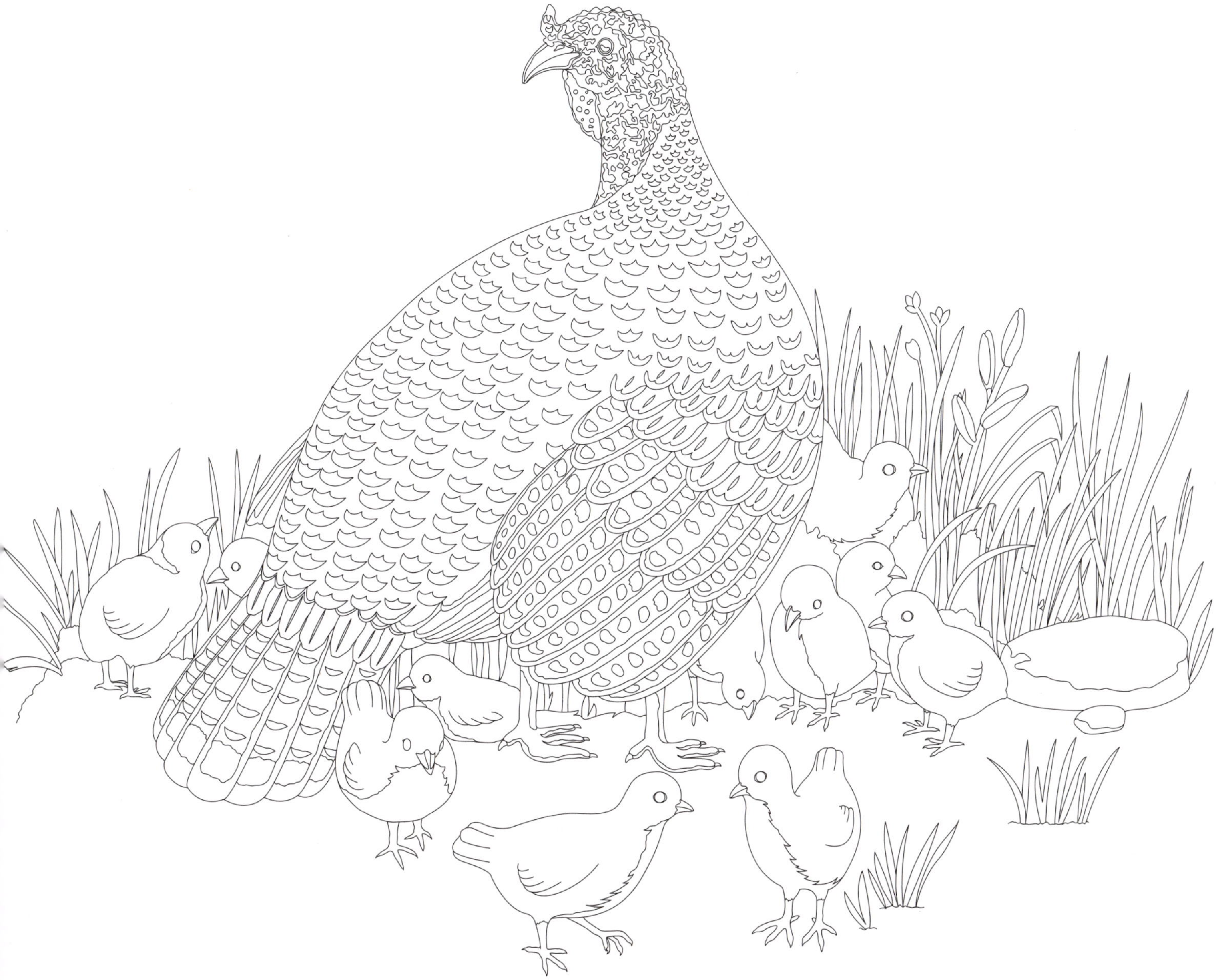

Perdiz pardilla

La perdiz pardilla ha disminuido de manera considerable en gran parte de su área de distribución europea porque el ser humano ha ocupado la mayor parte de su hábitat natural.

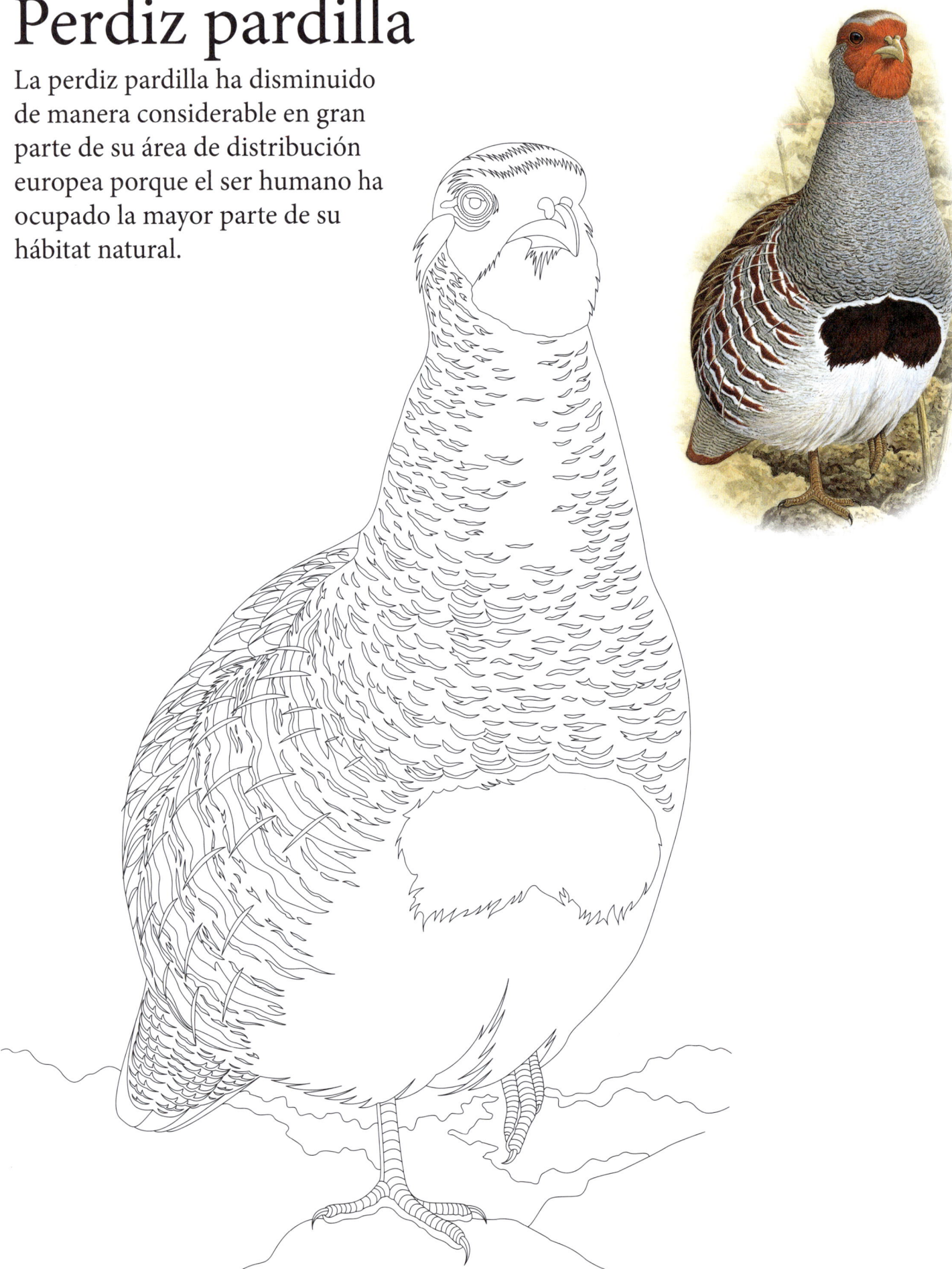

Faisán común

El vuelo fulgurante y la velocidad
explosiva del faisán común
garantizan que, por cada ave
abatida, siempre escapará alguna
que impulse las poblaciones
salvajes.

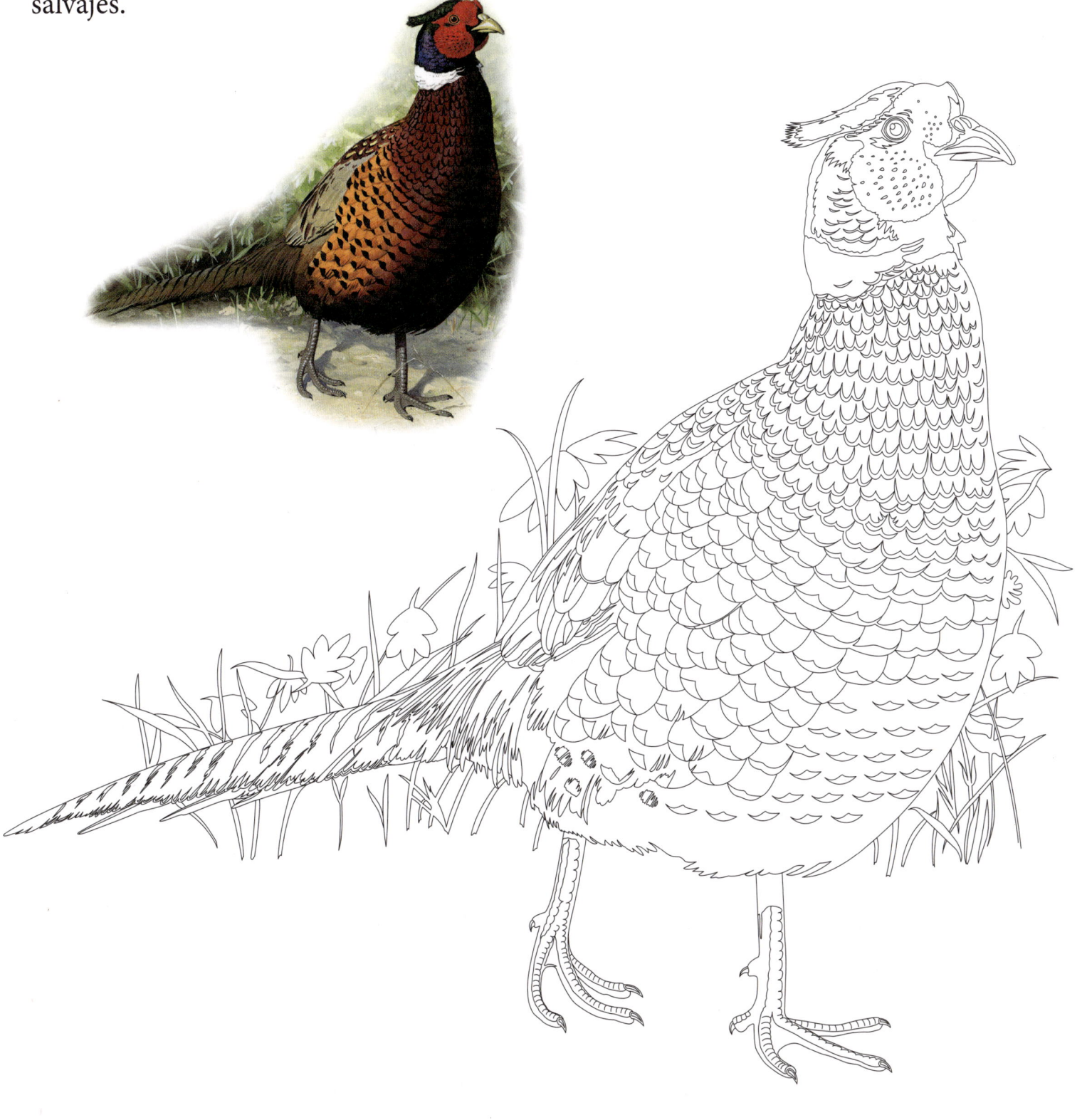

Perdiz nival

Esta perdiz nival, un ave ártica, también se reproduce en Europa continental en zonas de alta montaña por encima del límite arbóreo.

Gallo de las praderas grande

Con sus sofisticados bailes de apareamiento y su espectacular plumaje, el singular y hermoso gallo de las praderas no podría resultar más diferente de su homólogo doméstico.

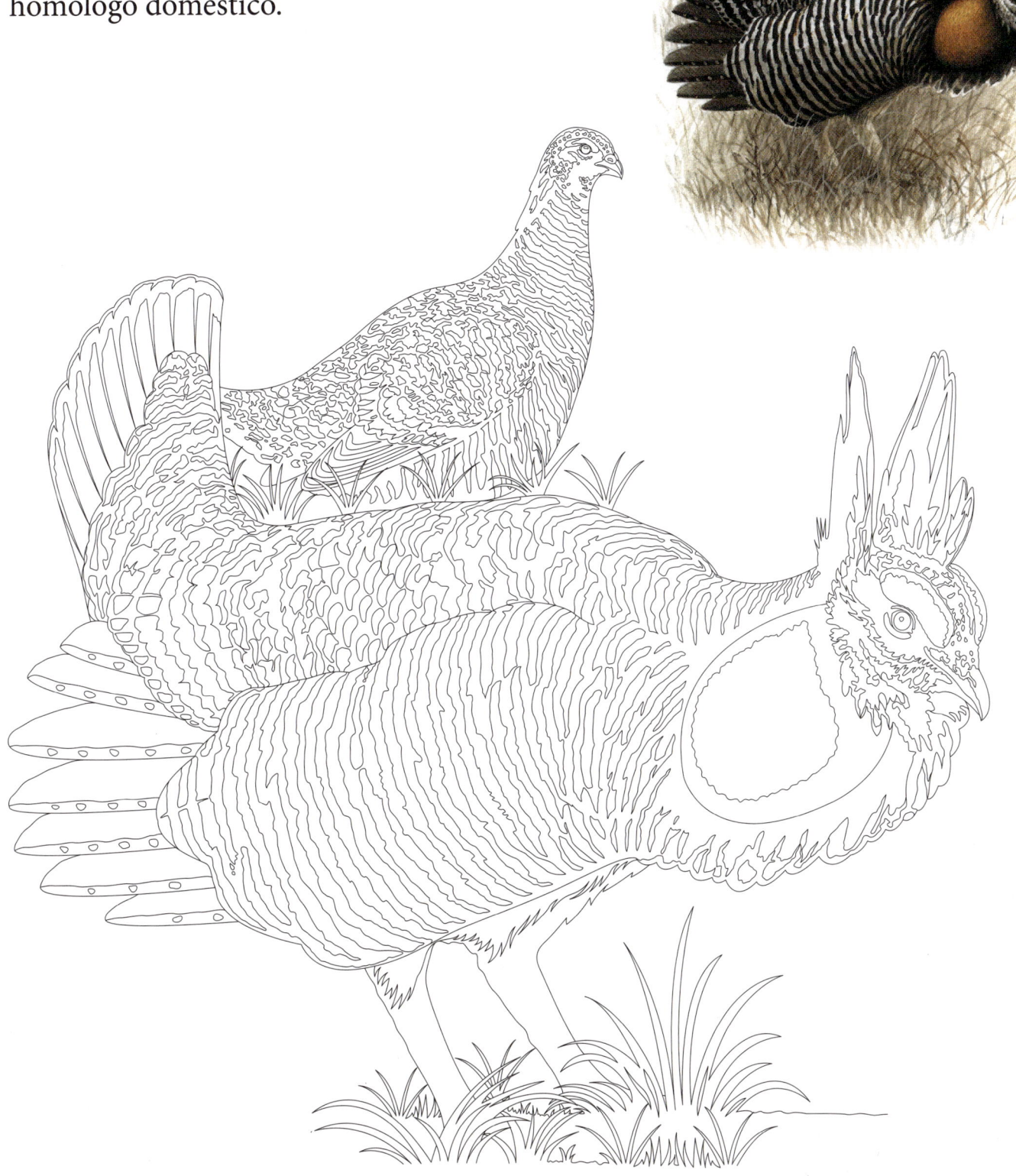

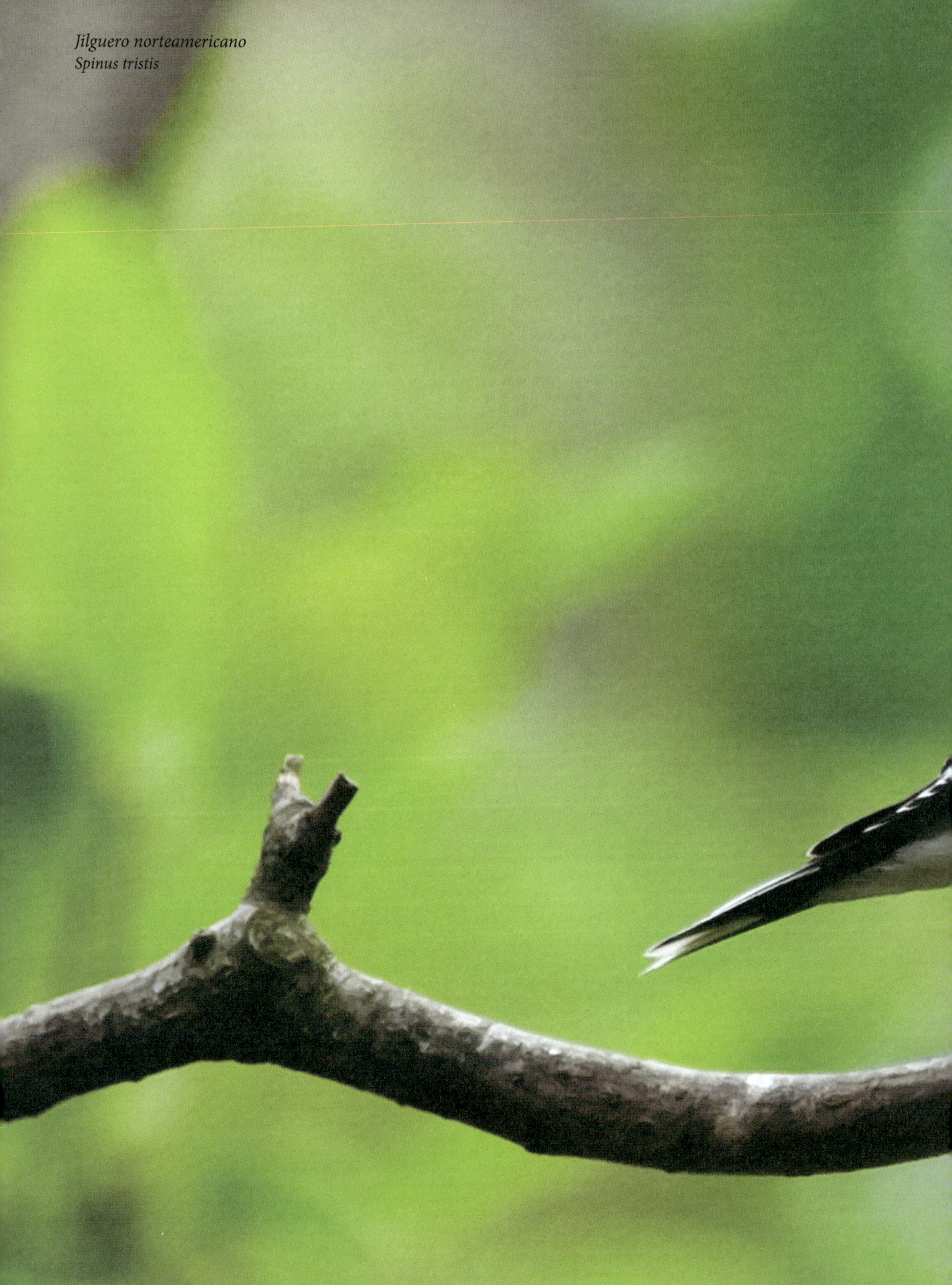

Jilguero norteamericano
Spinus tristis

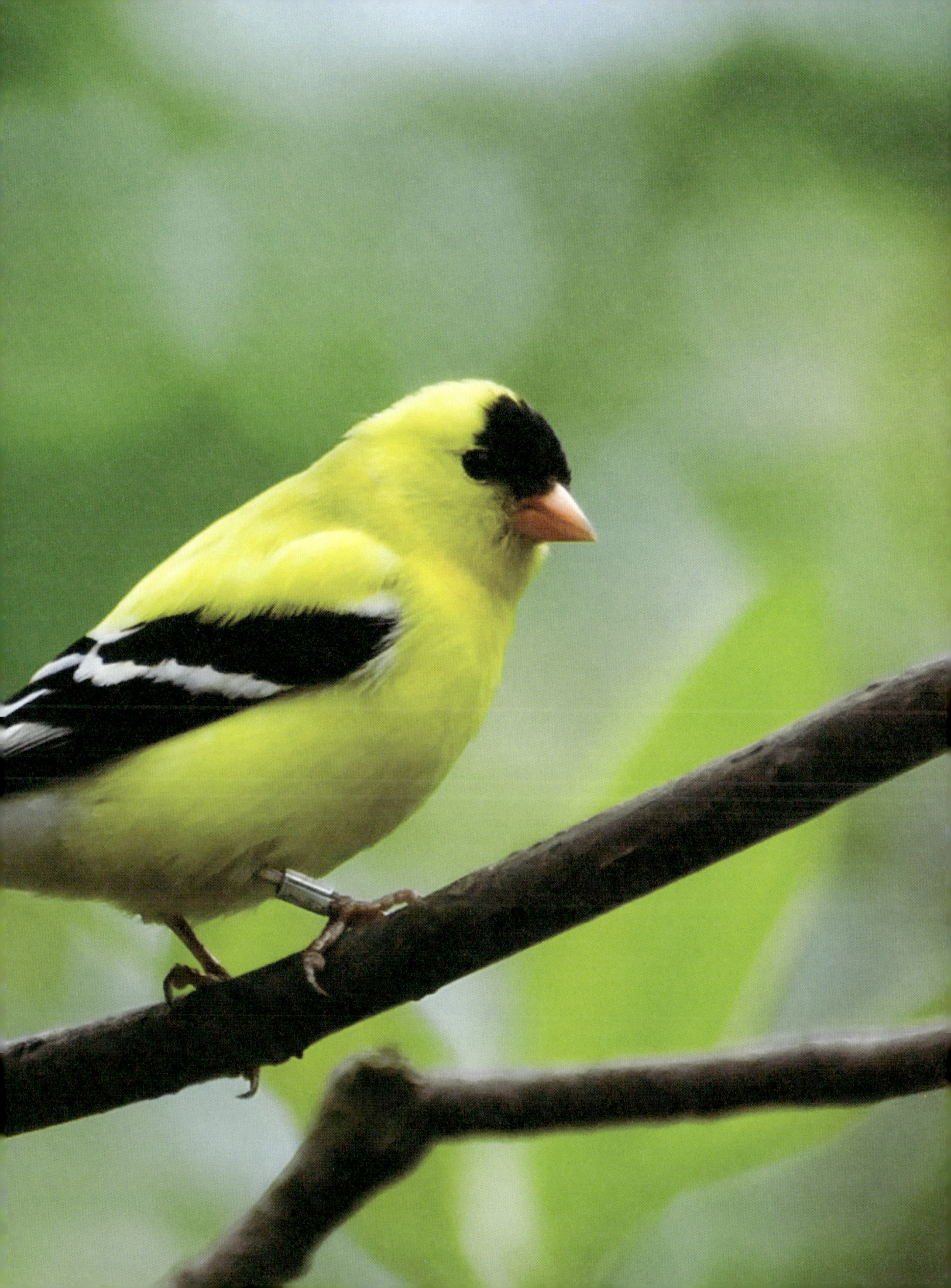

Colimbo grande

En estas aves destaca su cuello con
un denso moteado blanco a modo
de damero, mientras que sus partes
inferiores son blancas.

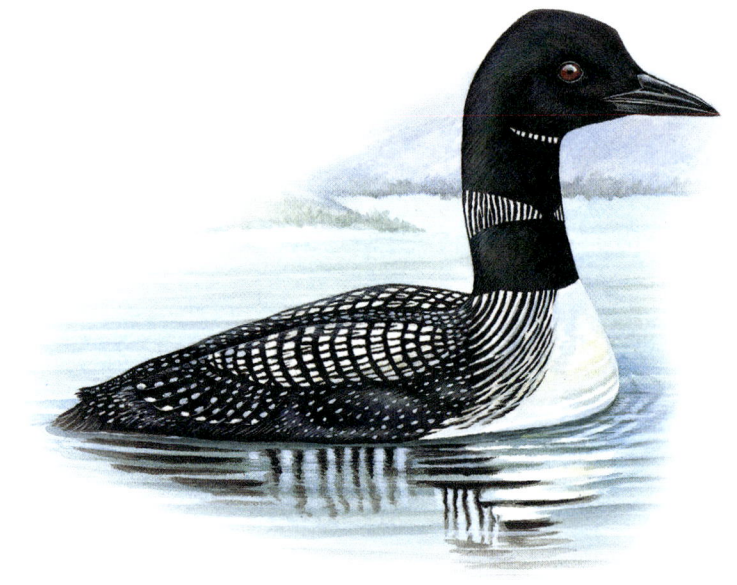

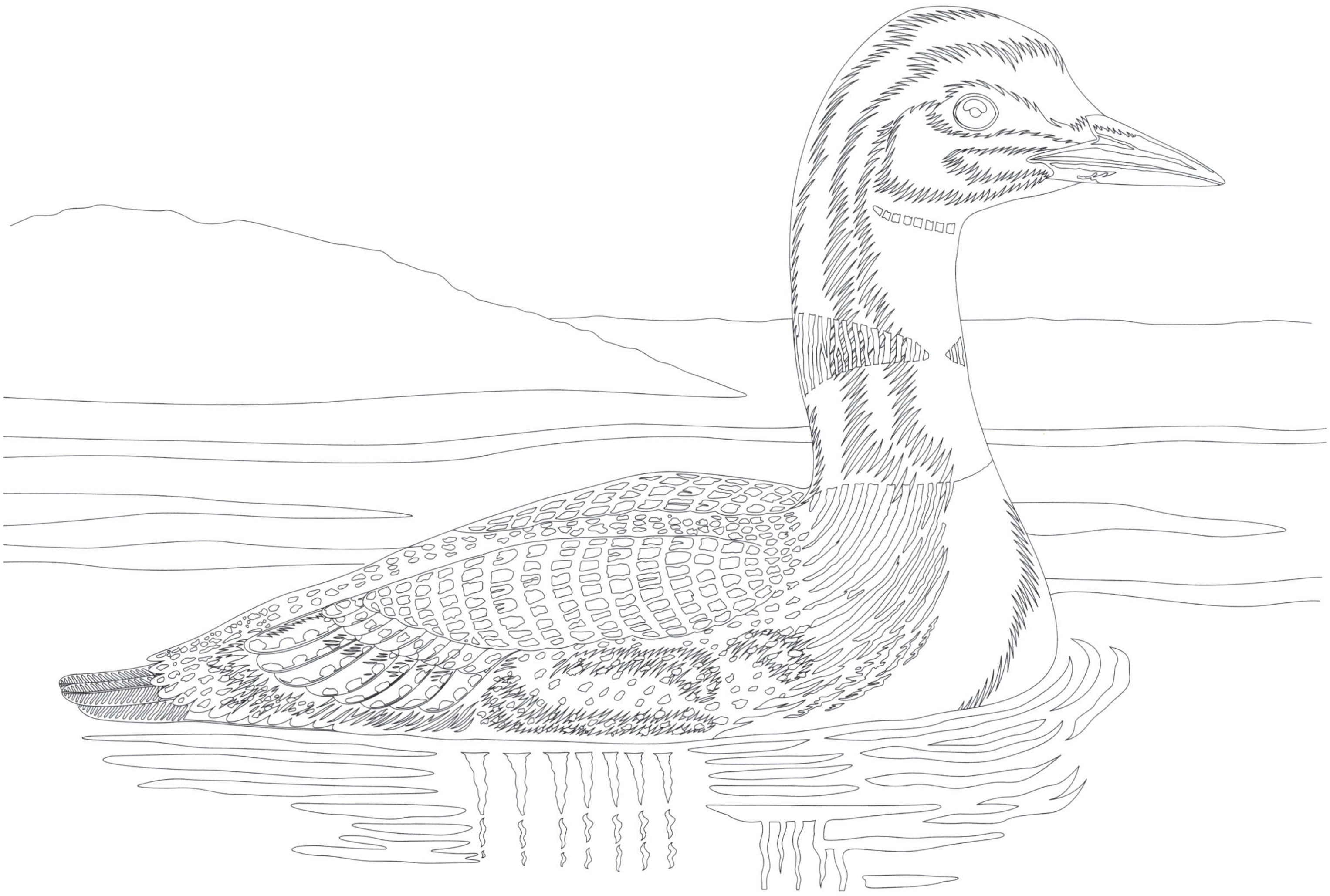

Alondra cornuda

La vivaz alondra ribereña habita
en algunos de los lugares más
desolados, y prospera entre la
tundra ártica y las altas y áridas
montañas.

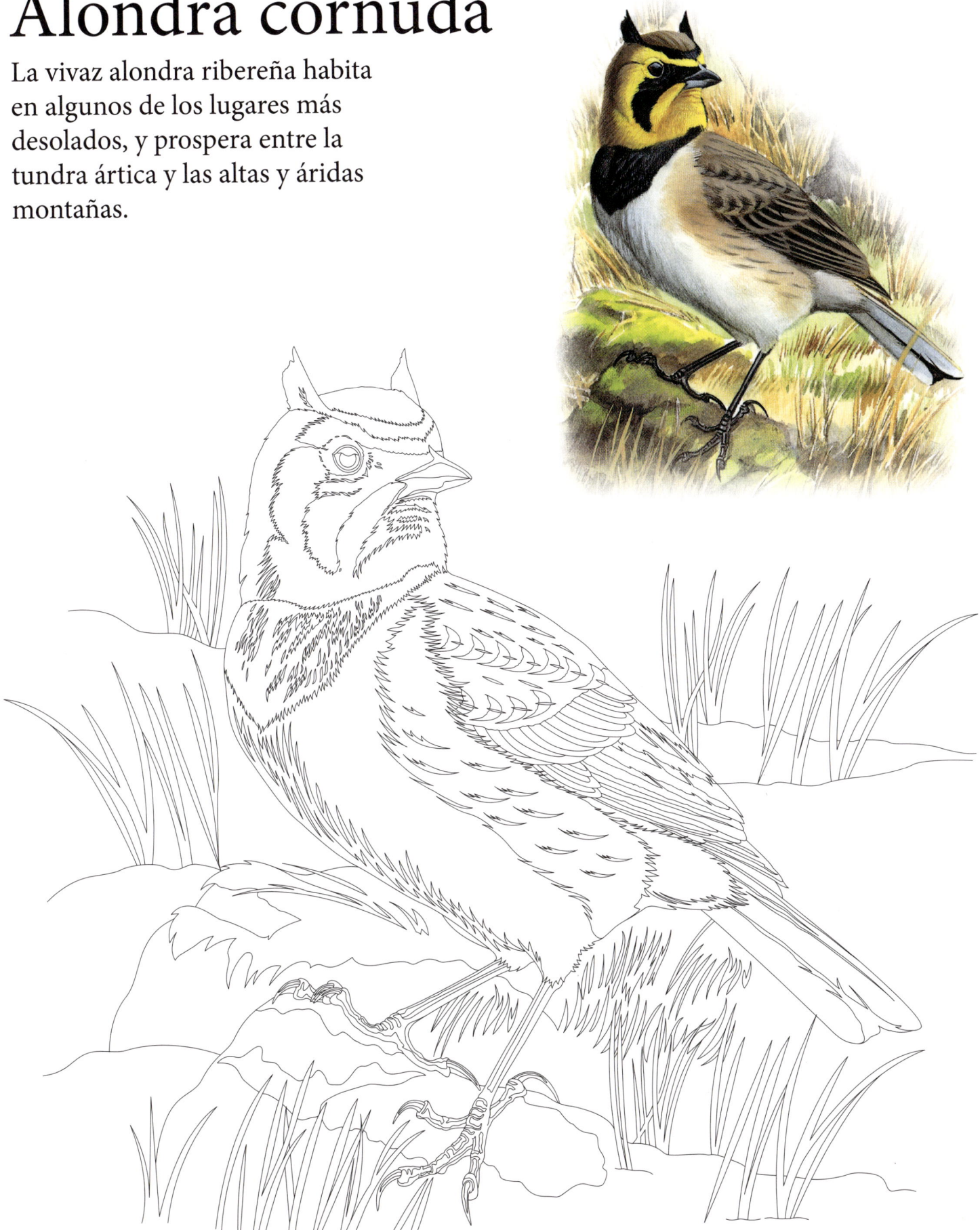

Ampelis europeo

El ampelis resulta muy reconocible
debido a las puntas de sus alas, de
color rojo brillante, que parecen
gotas de cera recién derretida.

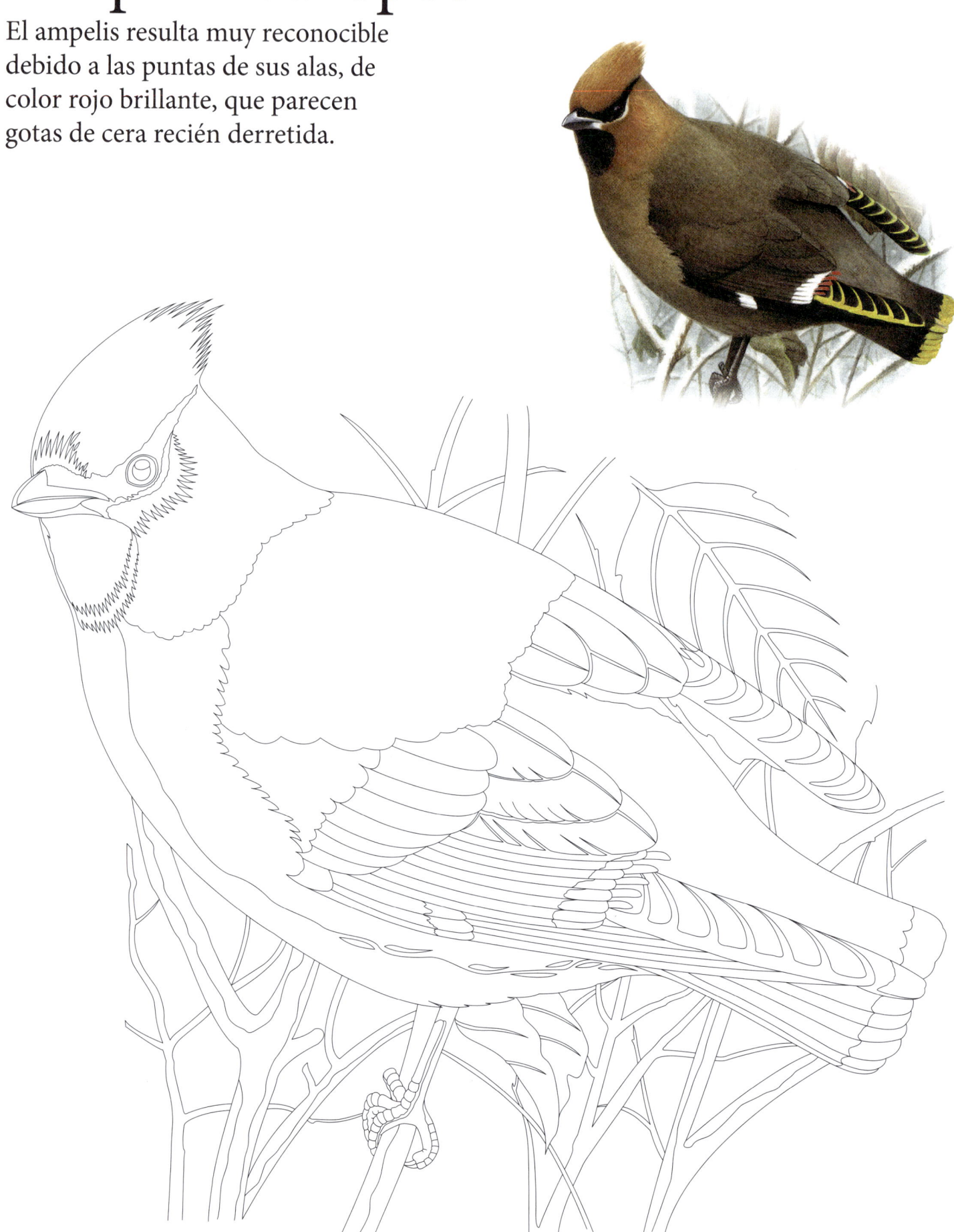

Chara floridana

Estas aves son una de las especies
más sociables, ya que viven en grupos
familiares comunales que trabajan
juntos para ayudar a sus parejas.

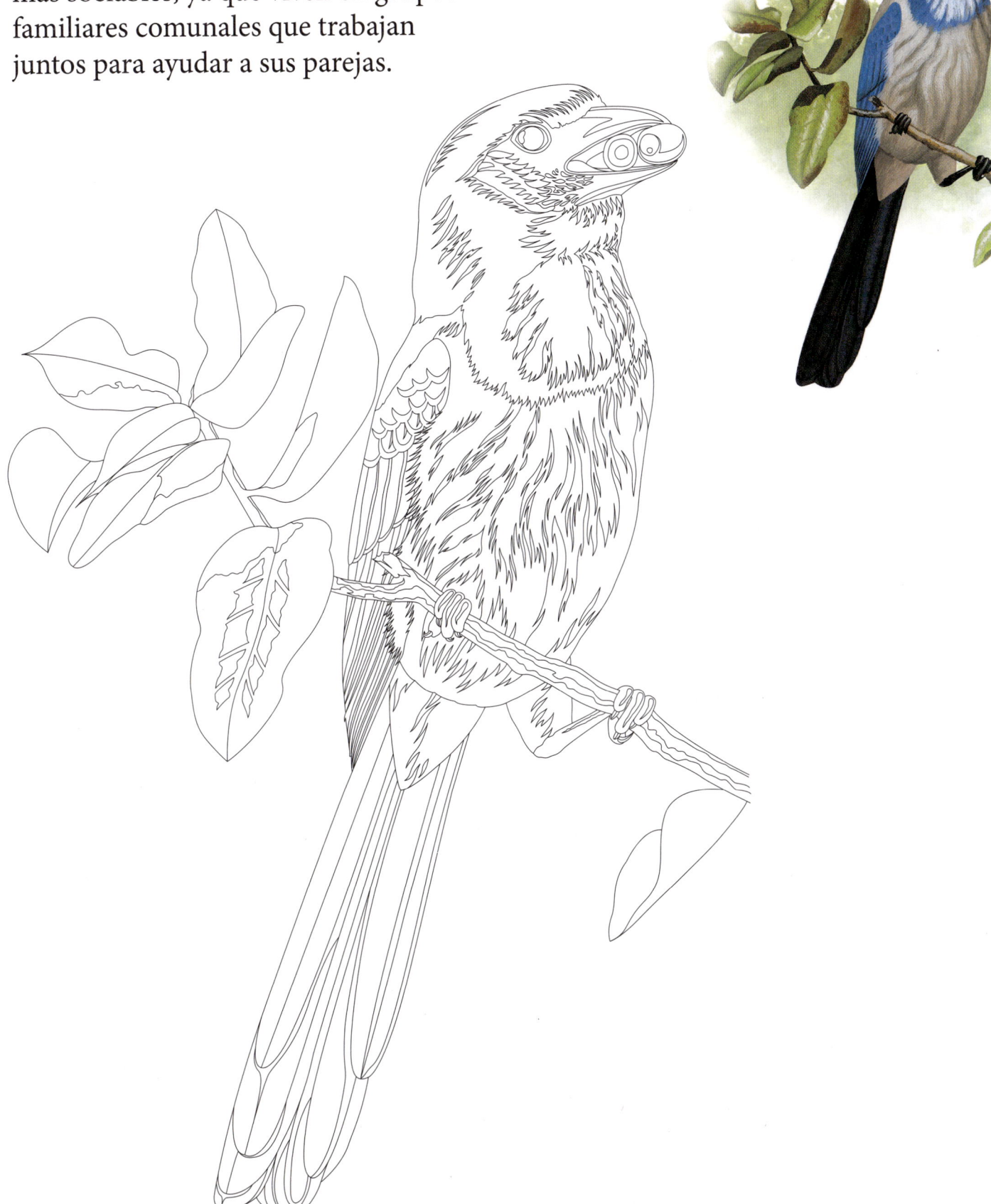

Cuervo

El cuervo tiene un plumaje negro, con reflejos iridiscentes azulados y púrpuras, y el hábito de alimentarse de cadáveres, por lo que no es de extrañar que algunos asocien esta ave con la muerte y la desgracia.

Chara azul

La chara azul pertenece a la familia de los cuervos y no está estrechamente emparentada con otras charas.

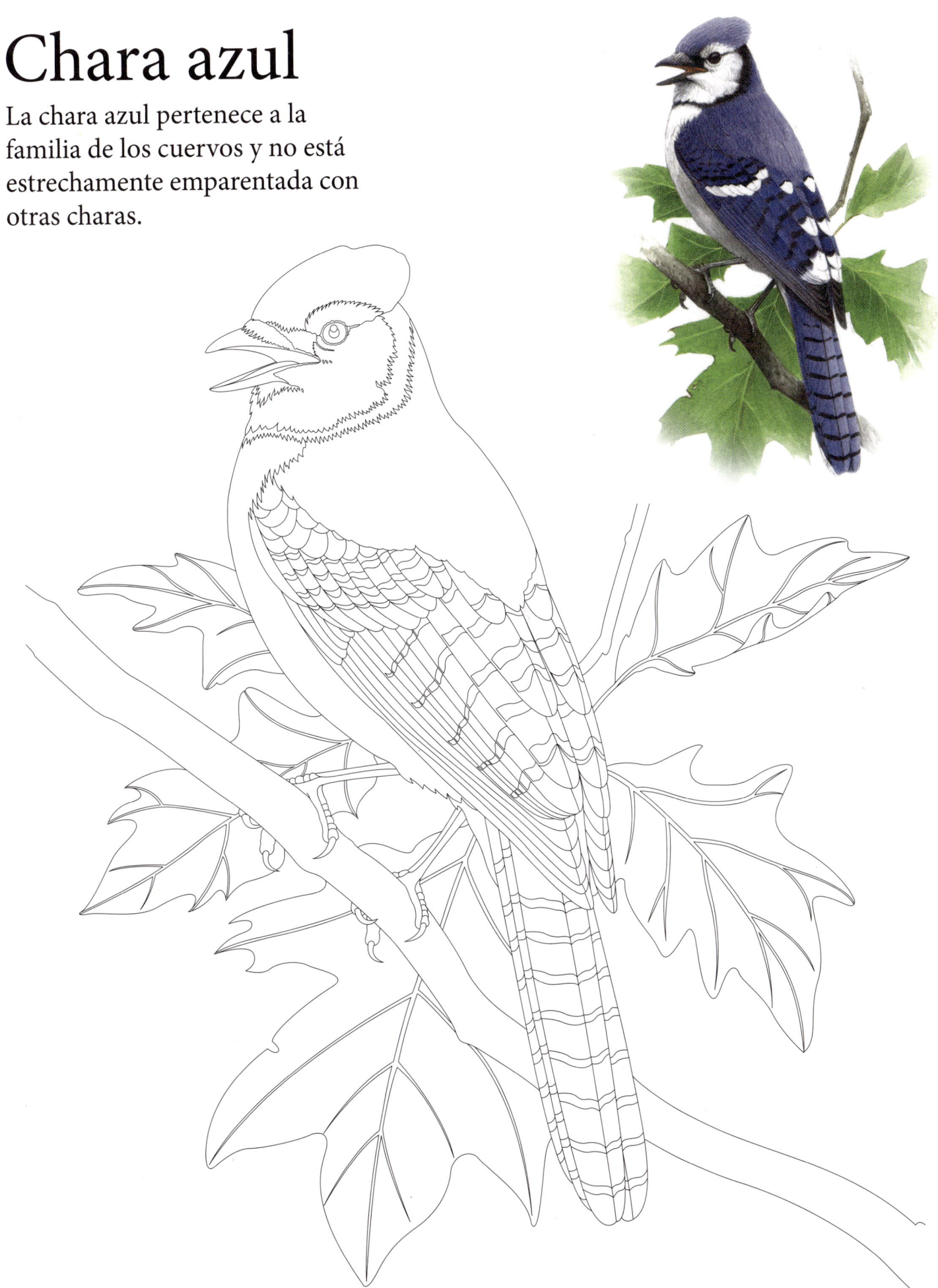

Urraca

Las urracas son aves inteligentes y sociables. Gracias a su espectacular plumaje blanco y negro, también son unas de las más fáciles de identificar.

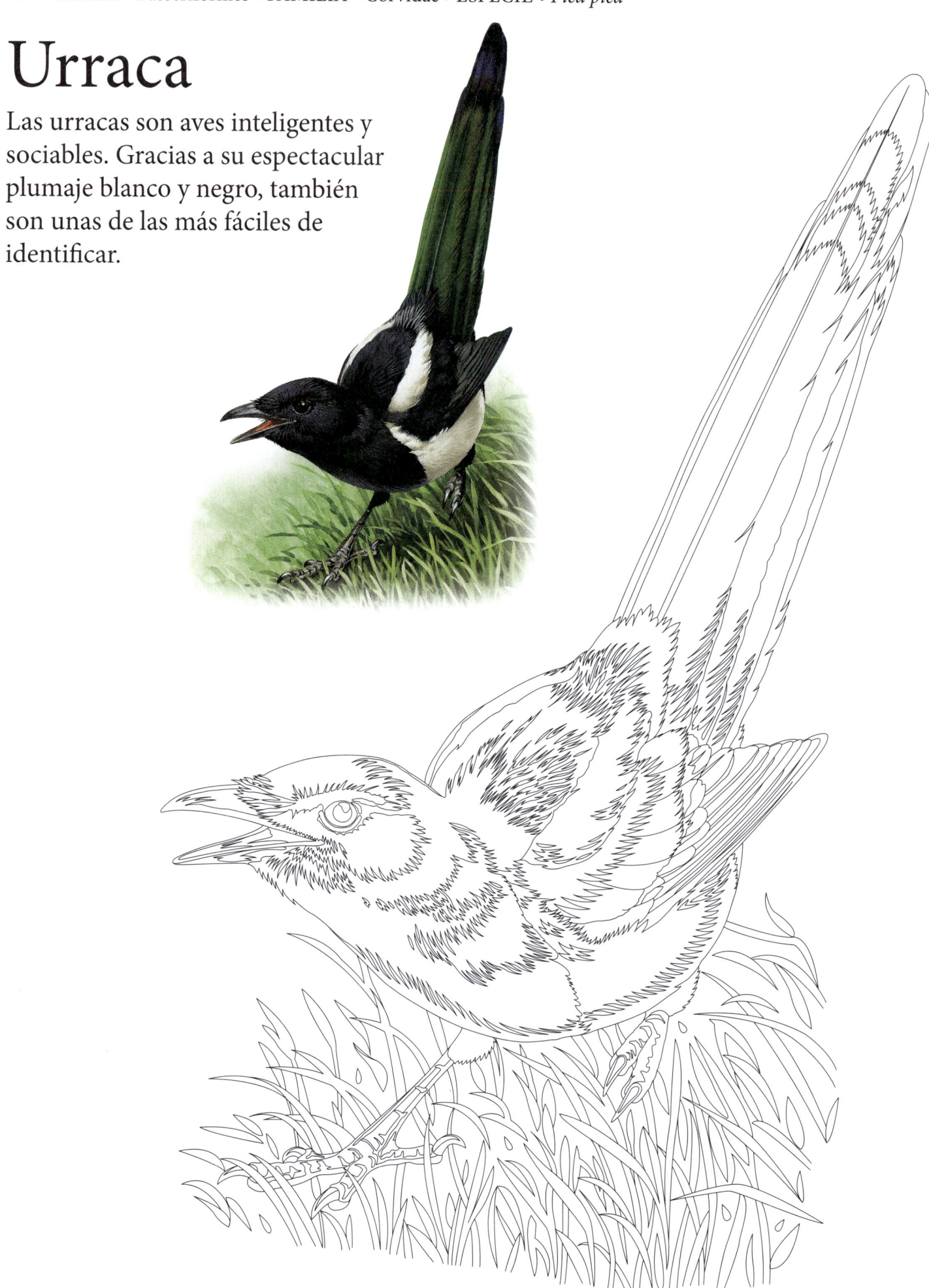

Pepitero norteño

También llamado picogordo vespertino
por los fuertes gorjeos que emite al
ponerse el sol. El plumaje amarillo del
macho es muy llamativo.

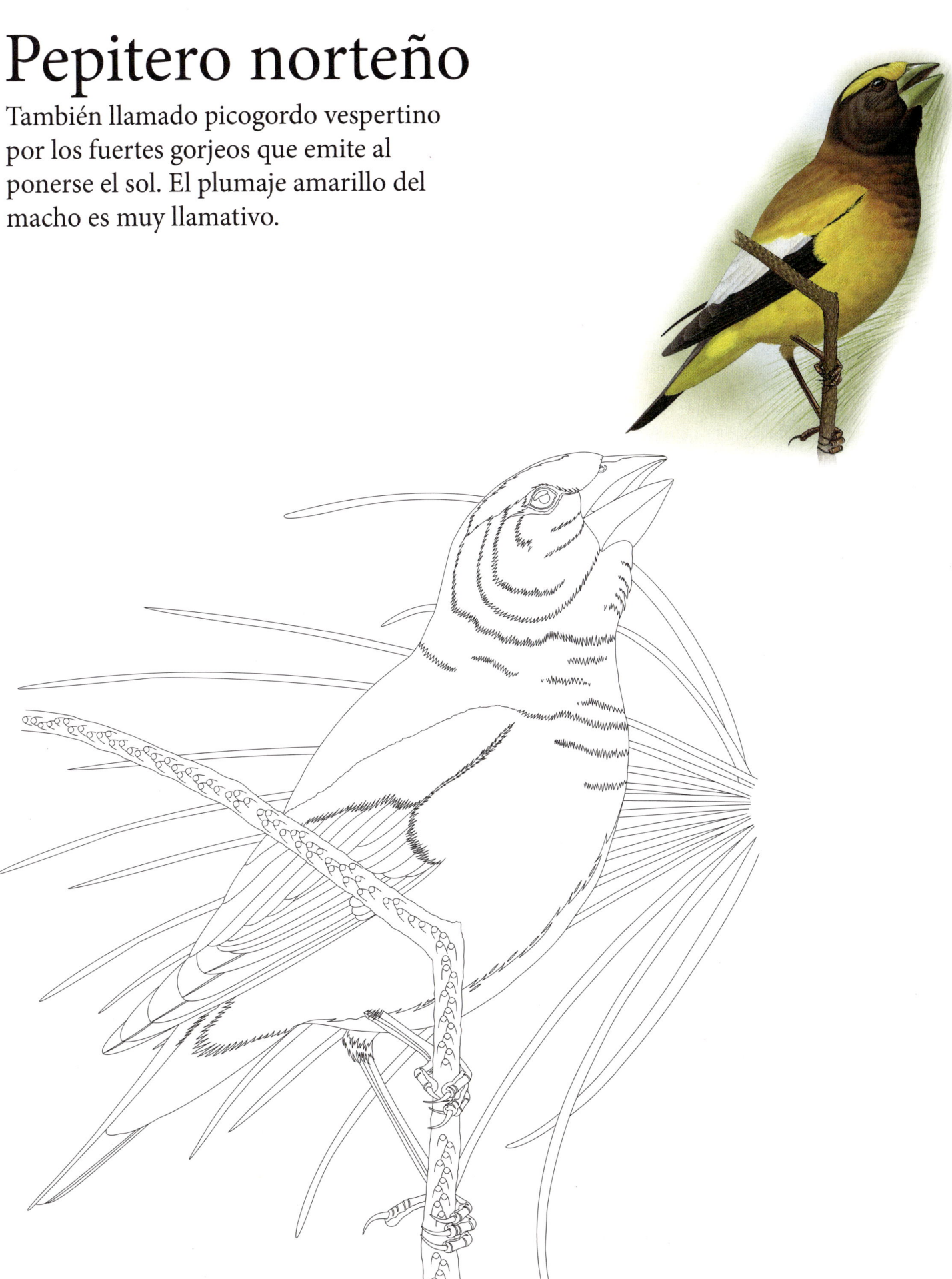

Piquituerto común

El piquituerto común tiene un nombre
muy apropiado y está perfectamente
adaptado para sobrevivir en los bosques de
coníferas con una dieta que sería imposible
para la mayoría de las demás aves.

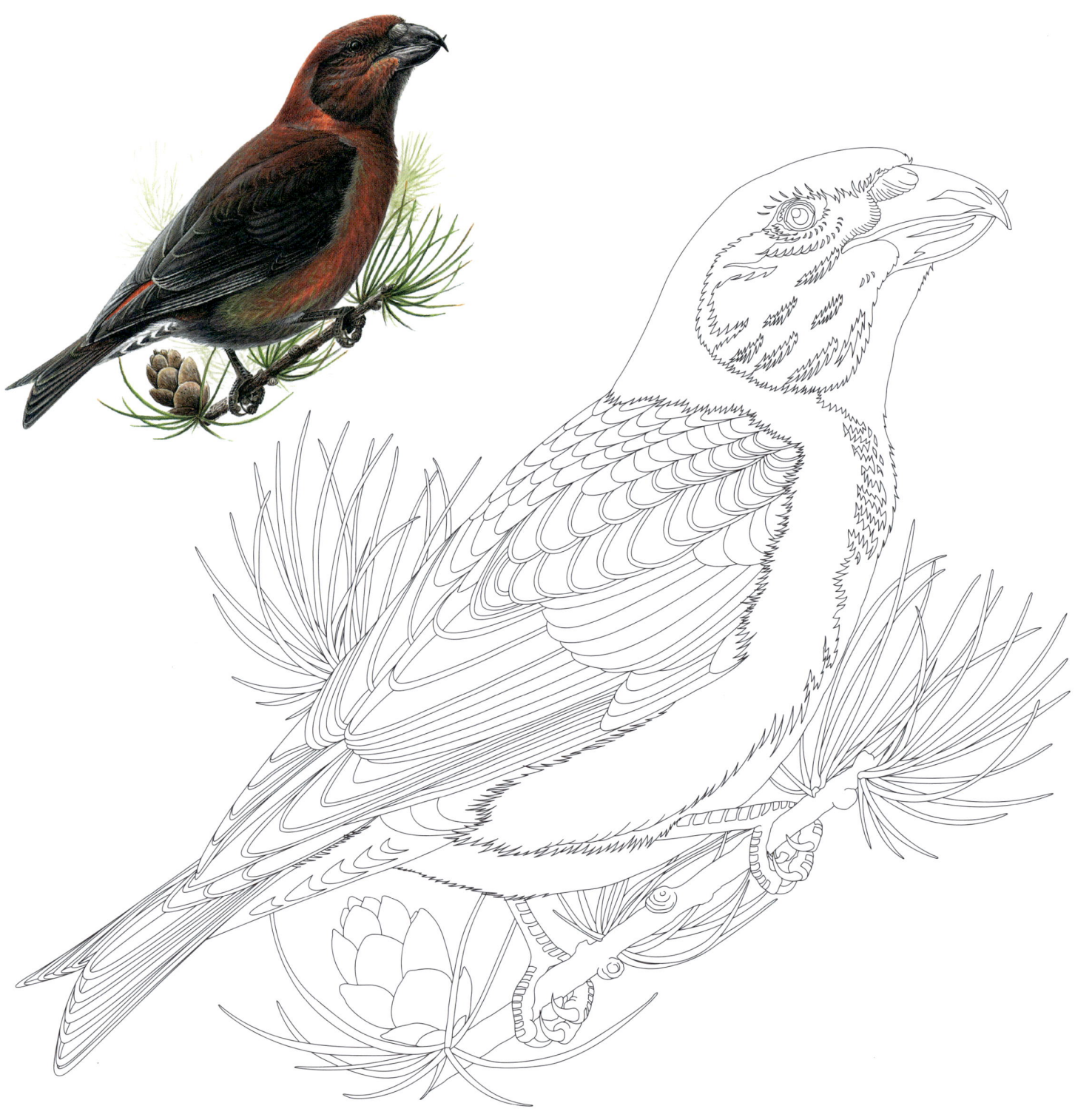

Golondrina

La veloz golondrina es conocida por la mayoría de los europeos y norteamericanos, y a menudo se la anuncia como precursora del verano.

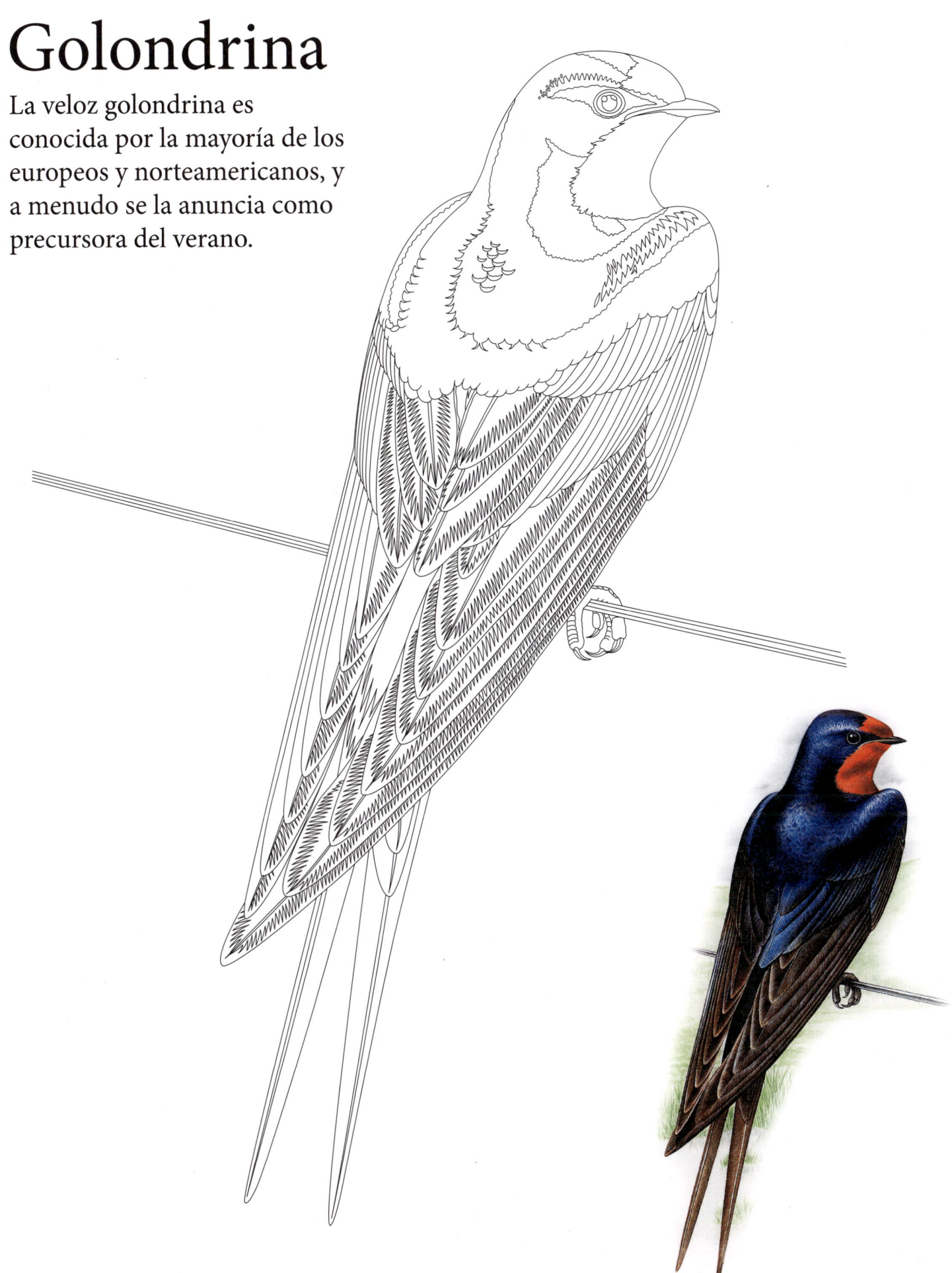

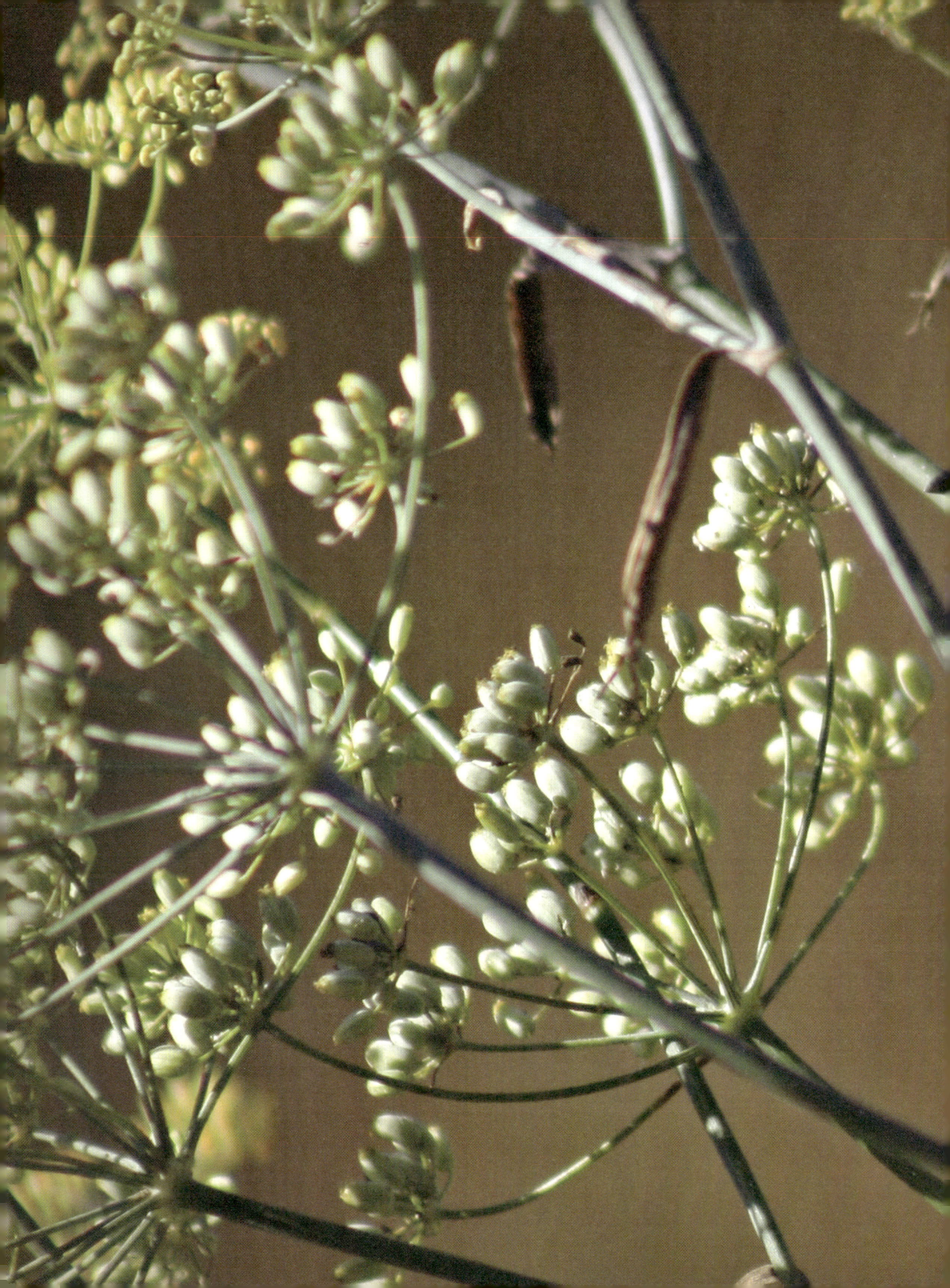

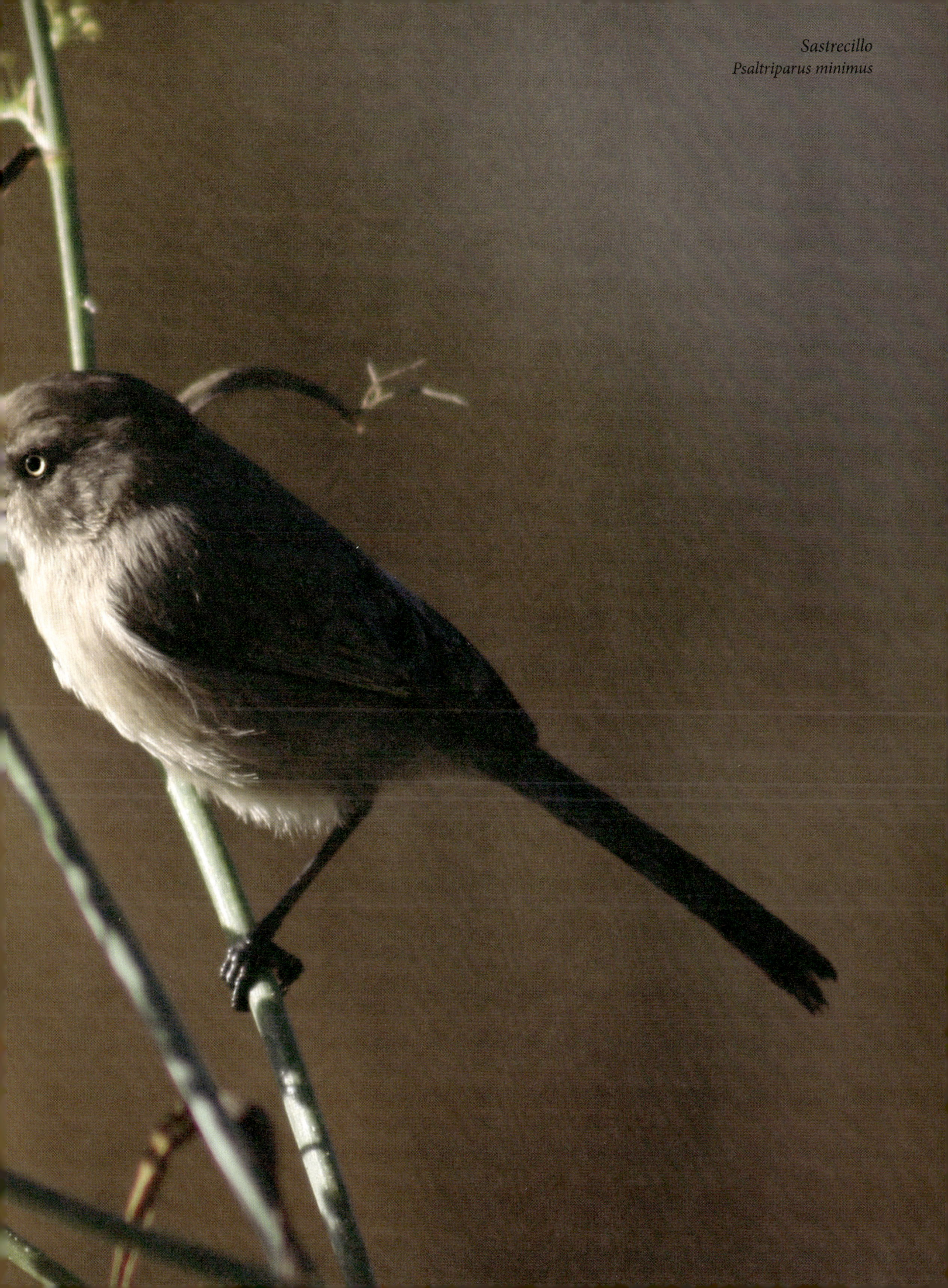

Sastrecillo
Psaltriparus minimus

Avión zapador

El avión zapador llega a su lugar de
cría antes que otras golondrinas,
alimentándose de los insectos de
principios de primavera.

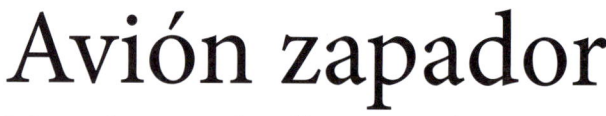

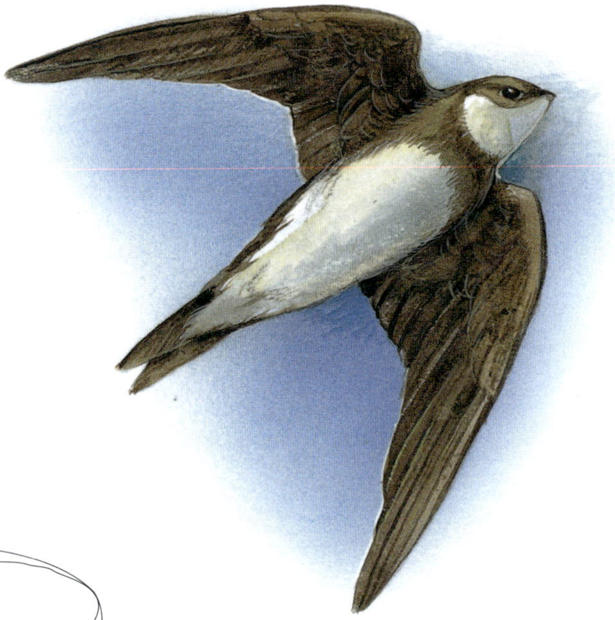

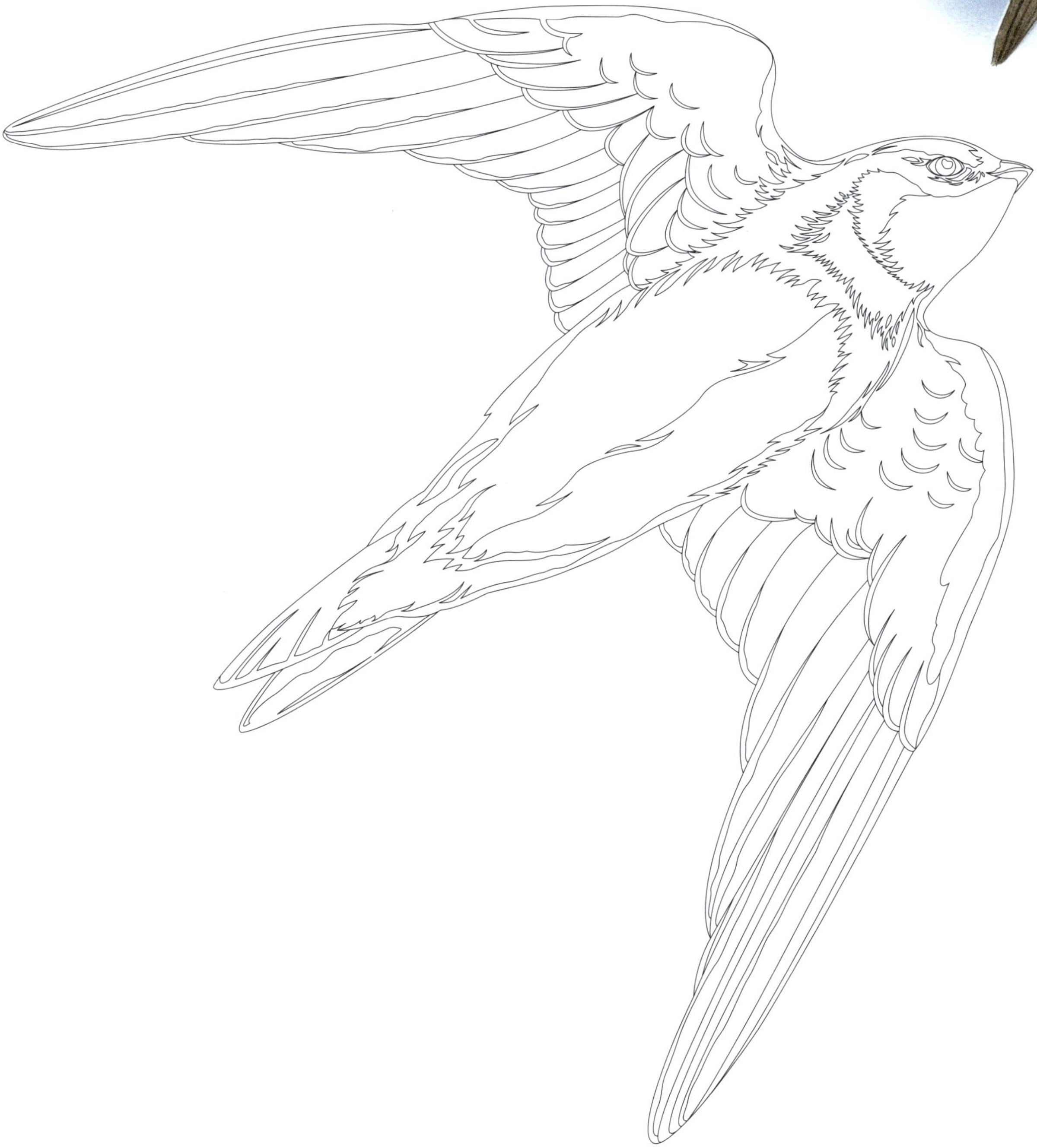

Golondrina bicolor

Las golondrinas bicolor muestran un aspecto grácil en el aire, pero en tierra, ya sea luchando por el territorio o por una pareja, revelan una conducta belicosa y agresiva.

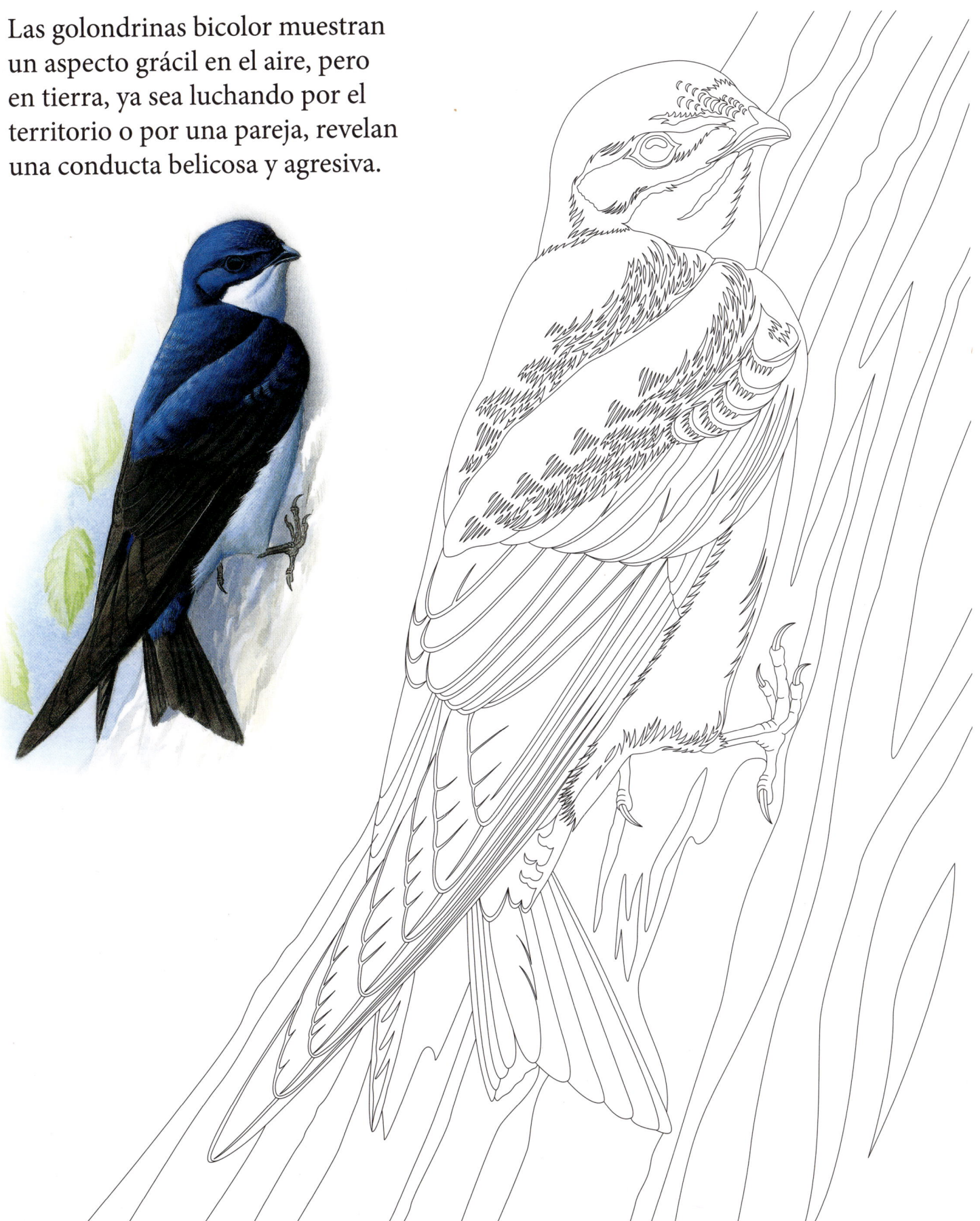

Alcaudón norteño

Los alcaudones tienen fama de aves
«carniceras», gracias a su macabra
costumbre de empalar los cuerpos de
sus víctimas en arbustos espinosos.

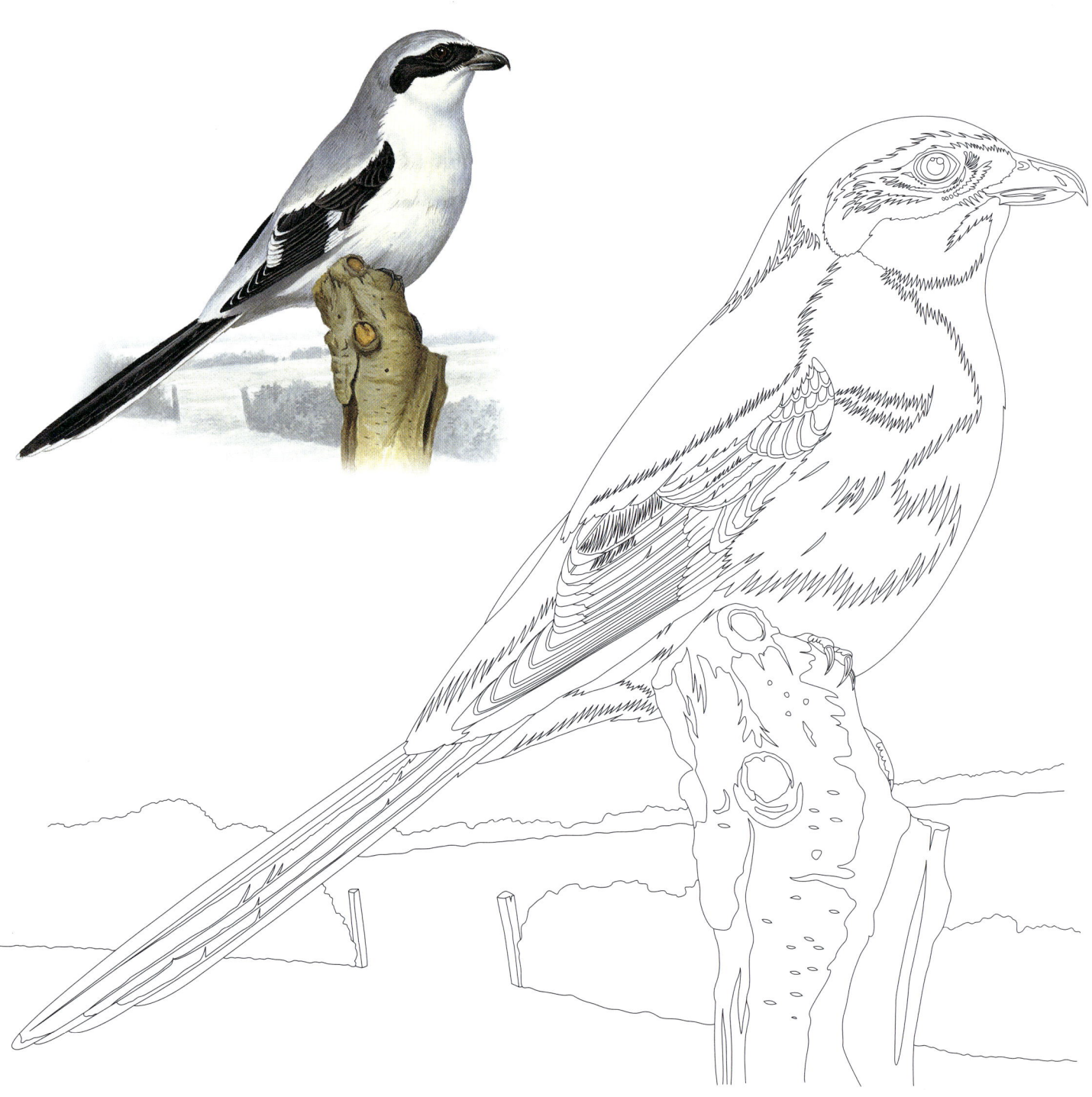

Lavandera boyera

Este pájaro mueve a menudo su larga
cola arriba y abajo cuando busca
comida en el suelo. Su llamada,
muy reconocible y aguda,
suena como «yit».

Collalba gris

La vivaracha collalba gris es una de las aves más fáciles de avistar en páramos y roquedales, gracias a su costumbre de posarse en una roca para anunciar su presencia.

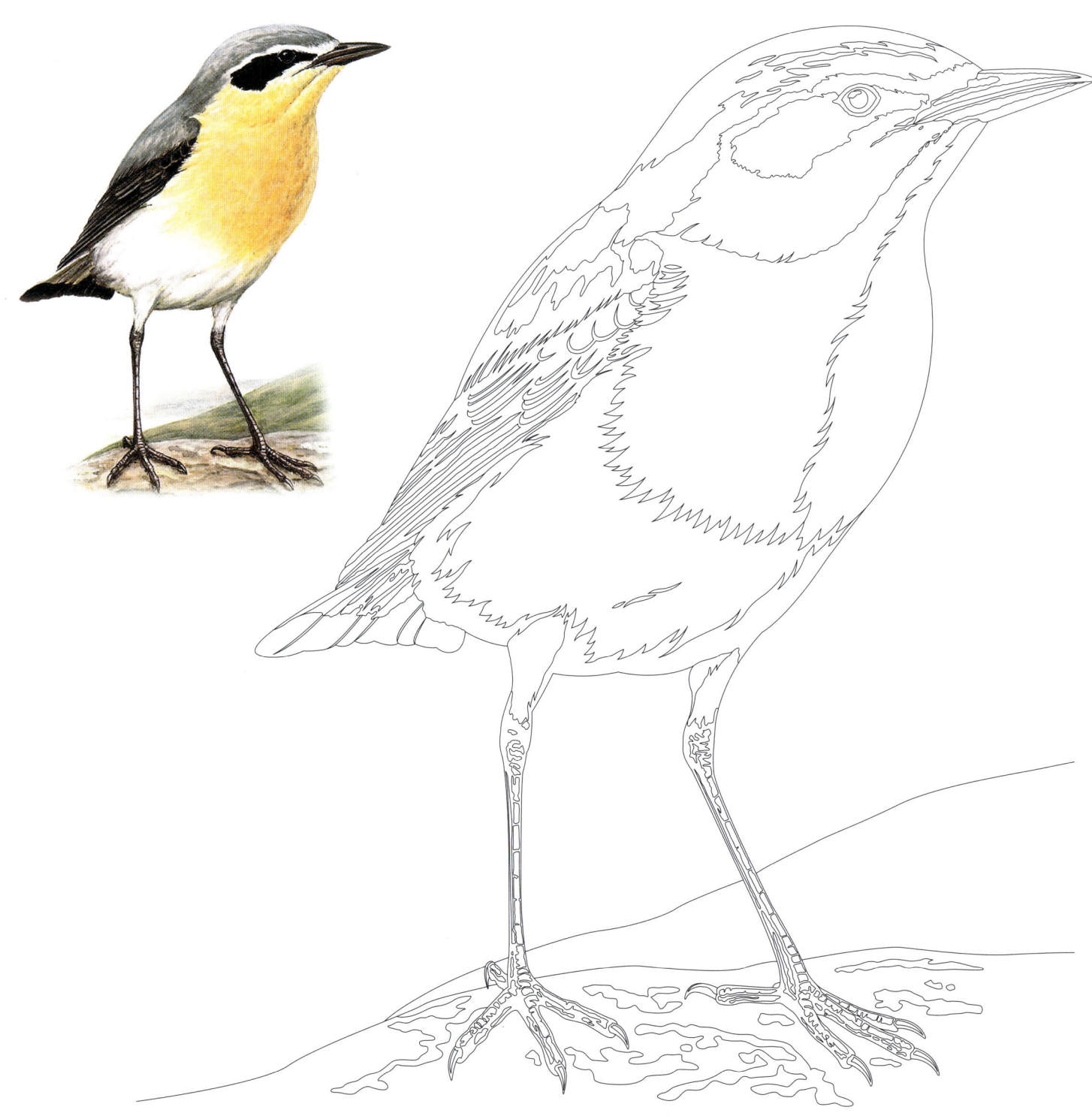

Reinita coronada

También llamada chipe de rabadilla
amarilla, es una de las especies
americanas más fáciles de identificar,
con sus brillantes rabadillas y vivas
manchas amarillas en las alas.

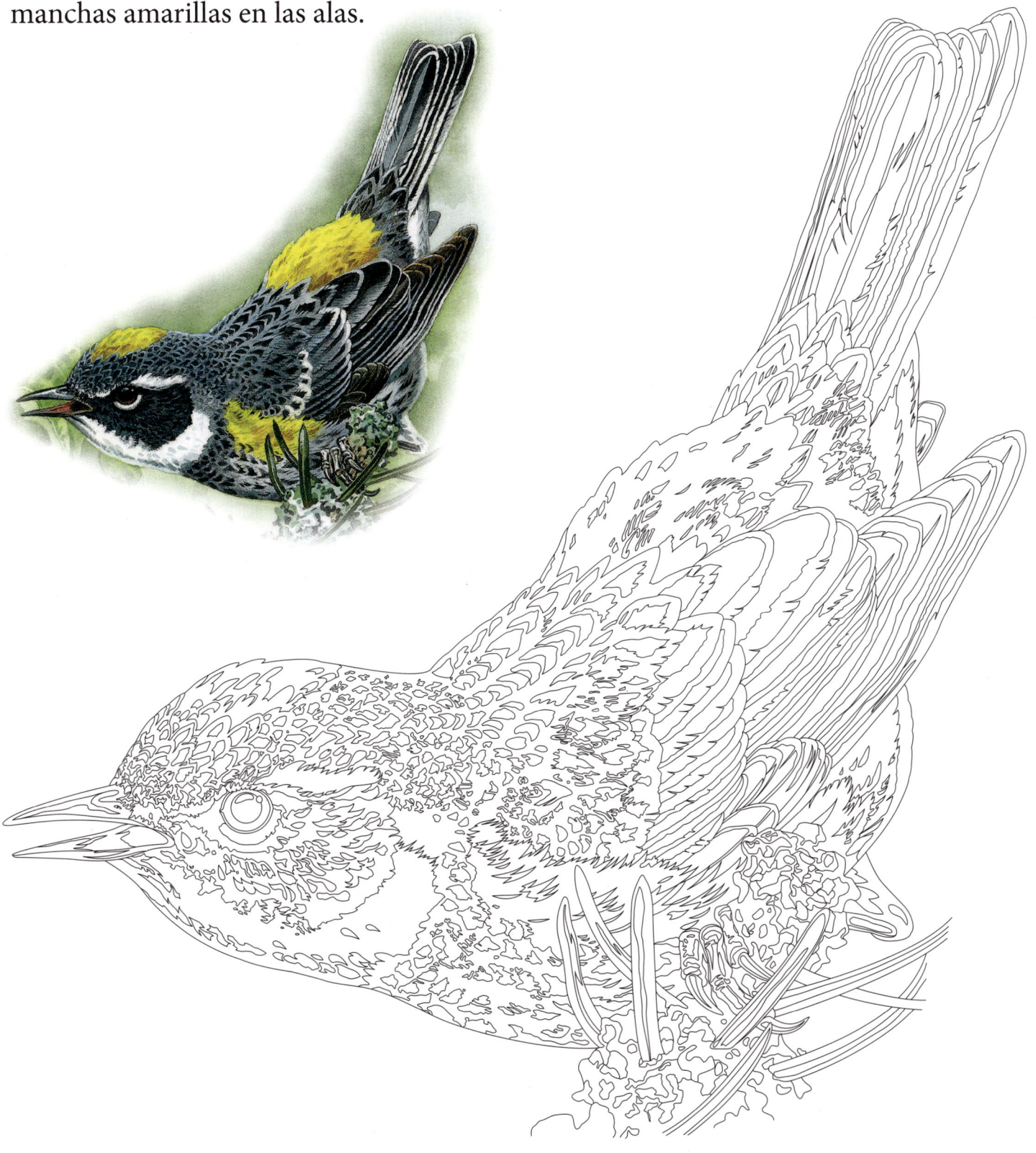

Mascarita común

Con su máscara de bandido y su
brillante garganta amarilla, la mascarita
es una de las más reconocibles de todas
las reinitas norteamericanas. Solo canta
el macho.

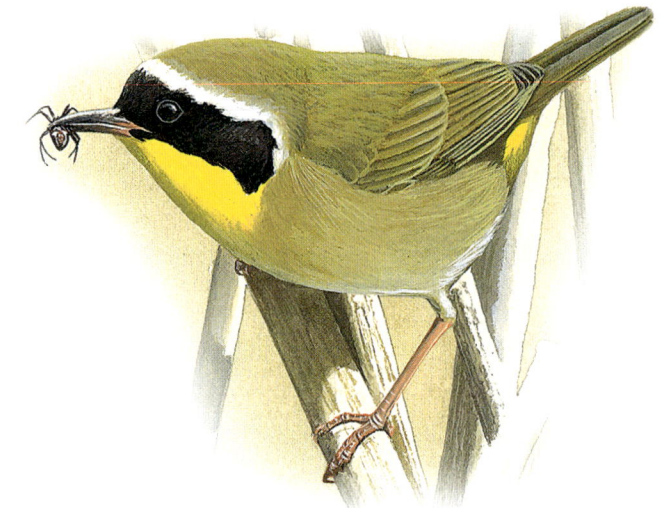

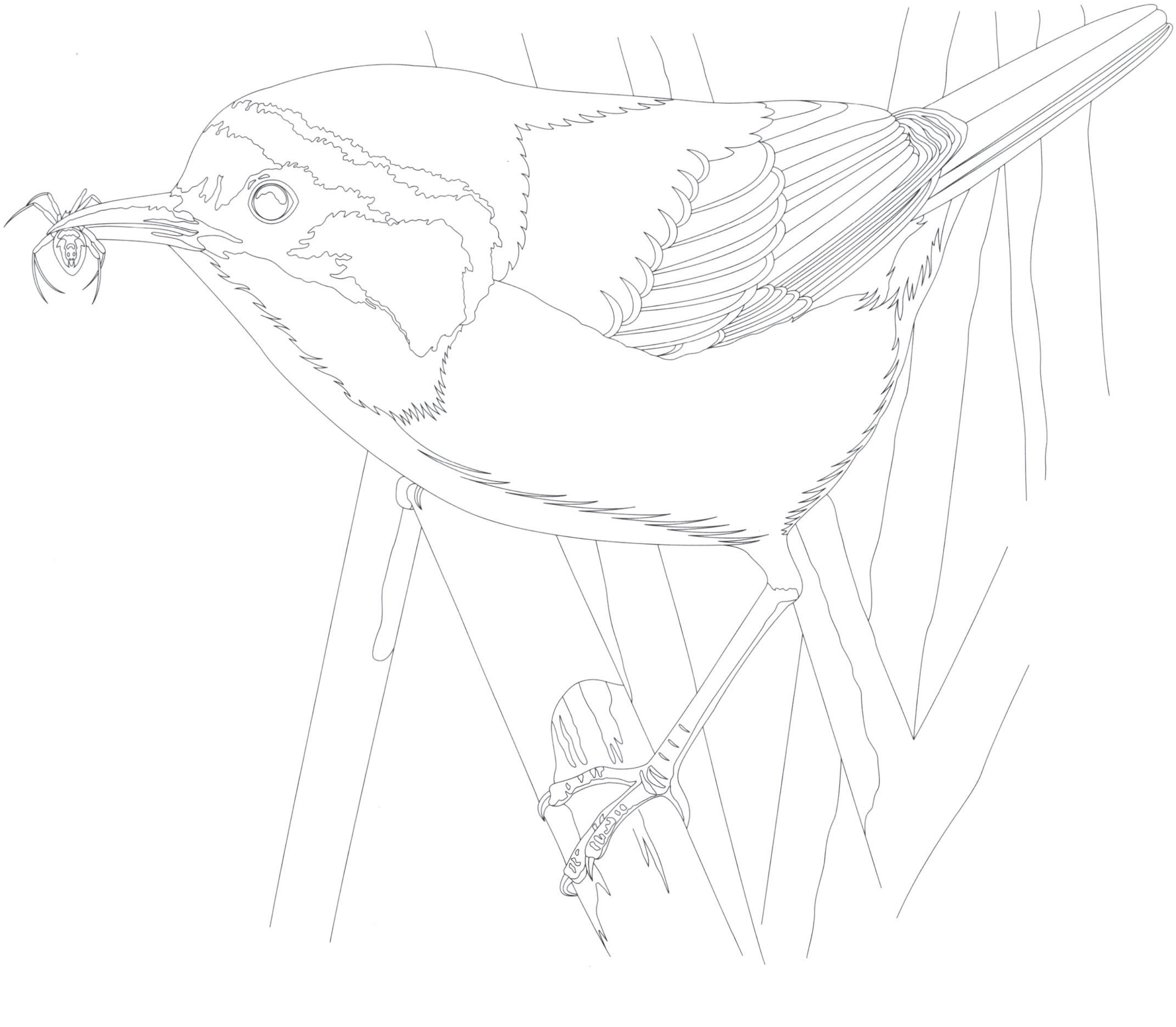

Ratona de las rocas

La ratona de las rocas, o chivirín saltarrocas, es un pajarillo muy popular, uno de los pocos chochines que hacen honor a su nombre familiar en latín *Troglodytidae*, que significa «habitante de cuevas».

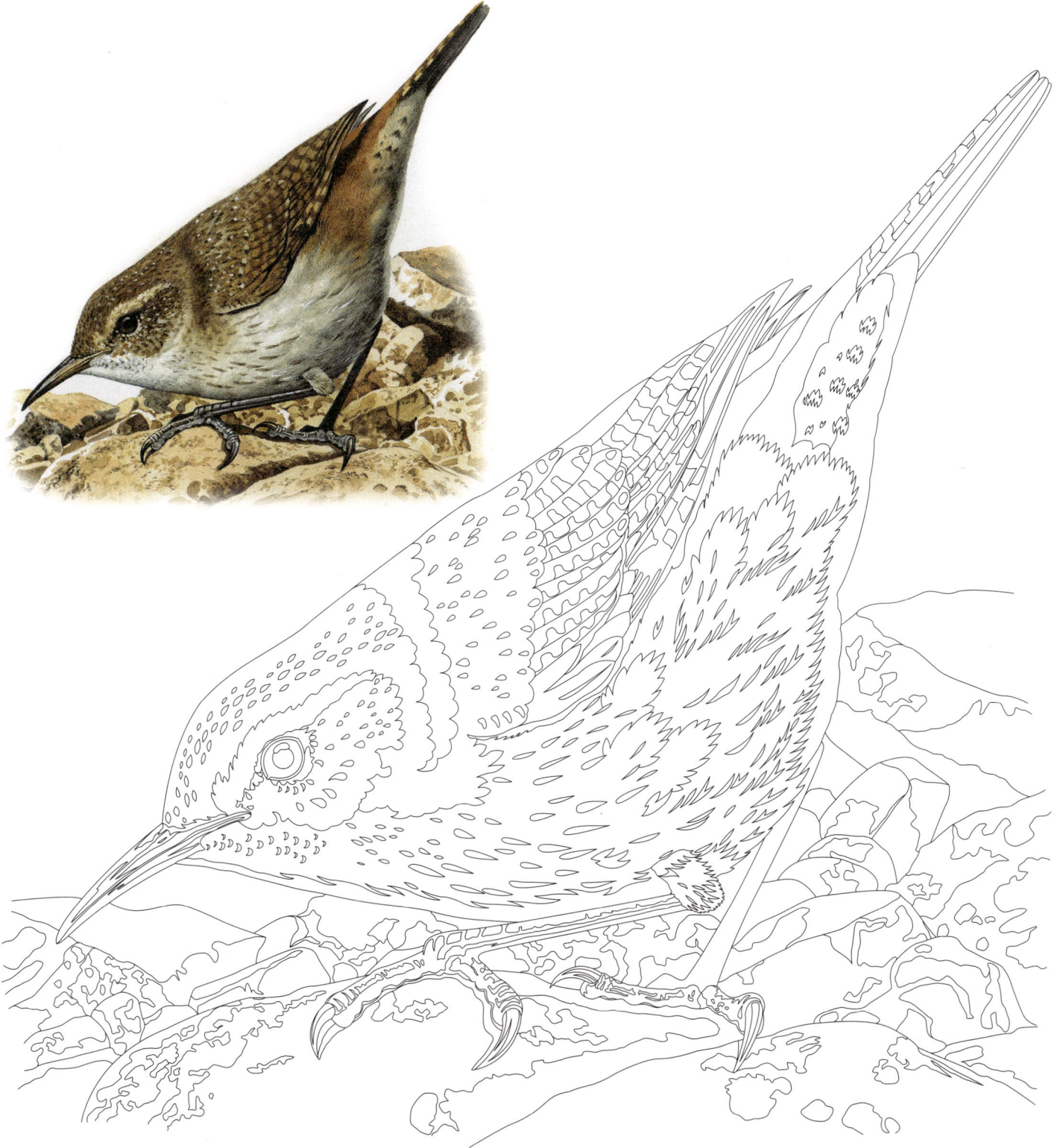

Chochín común

Su diminuto tamaño, su agudo canto y su graciosa cola respingona hacen del chochín común uno de los pájaros pardos de jardín más fáciles de reconocer. También recibe el sobrenombre de chochín paleártico.

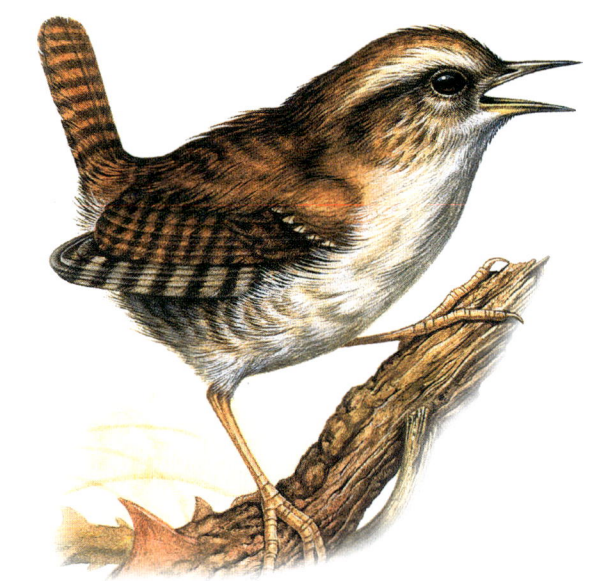

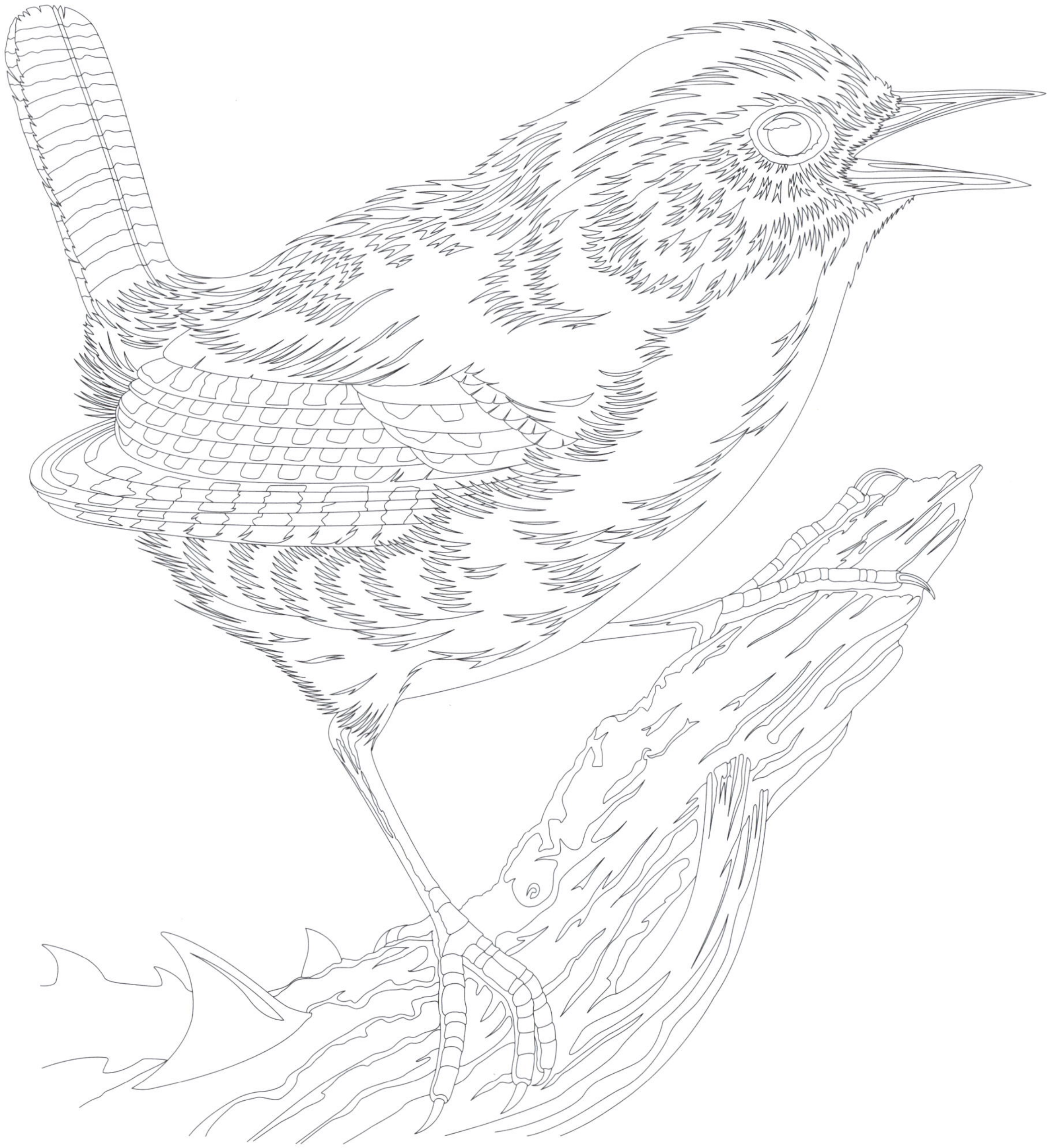

Zorzal ermitaño

El zorzal ermitaño es la especie de zorzal más pequeña de Norteamérica. También se considera que tiene el canto más bello.

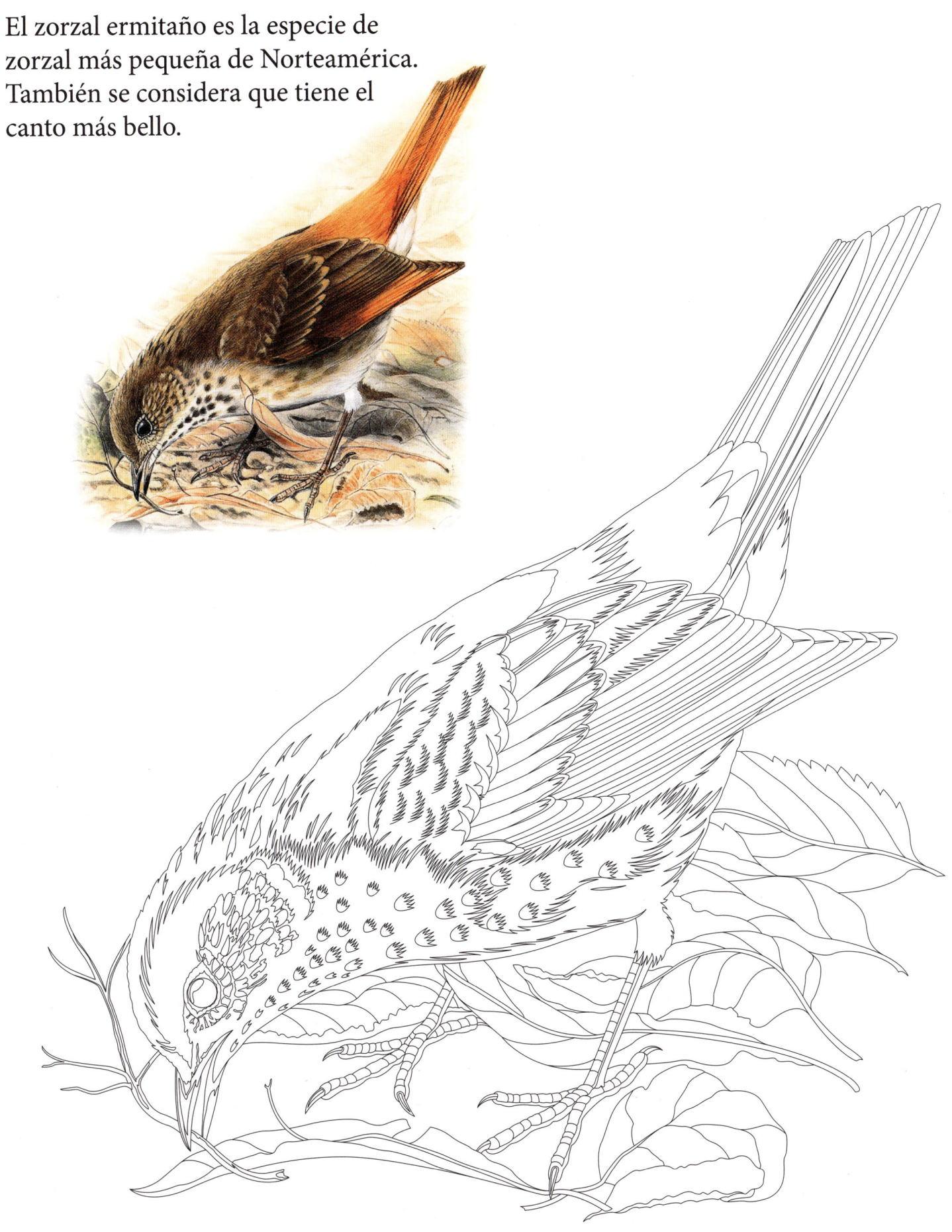

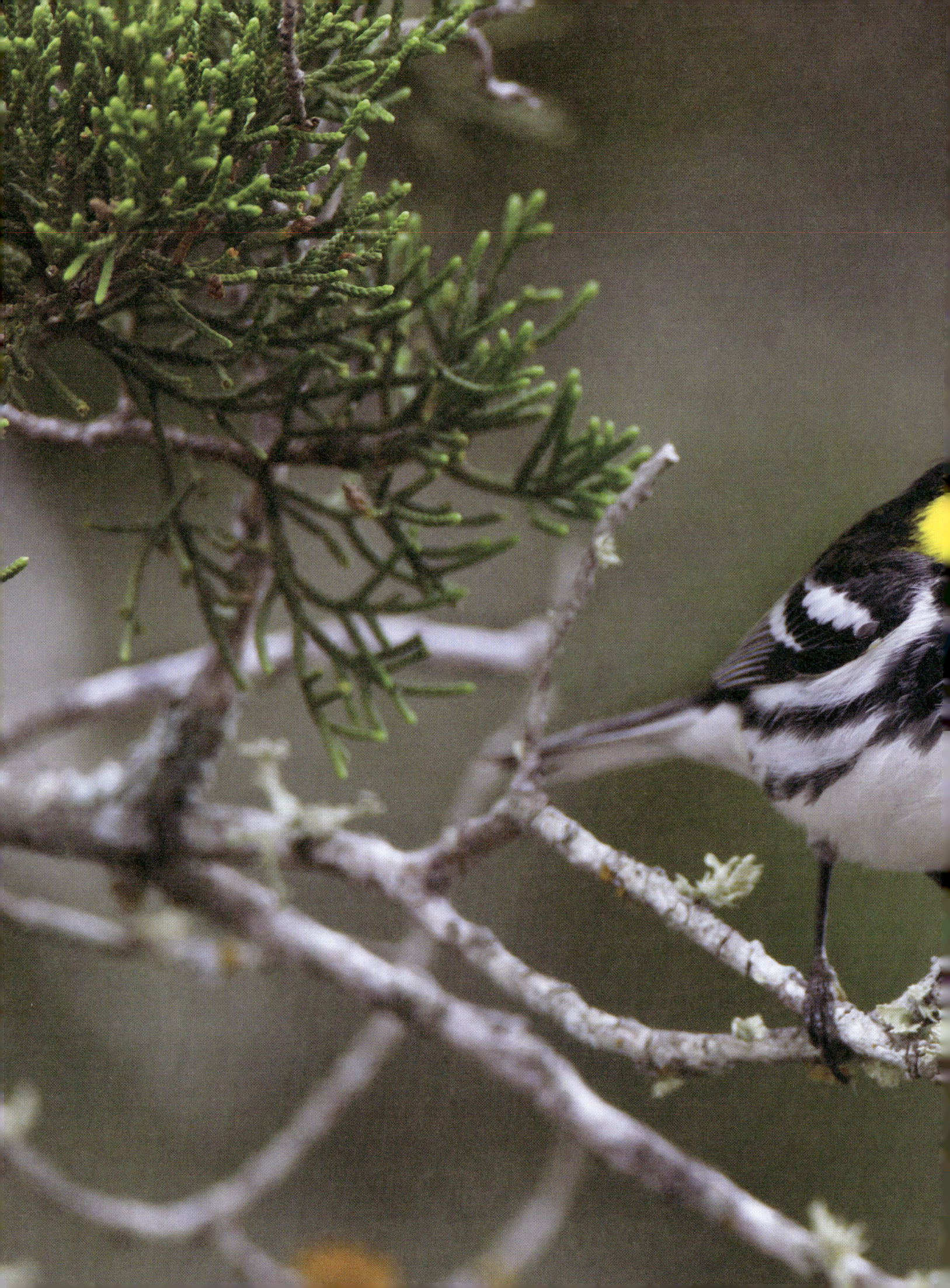

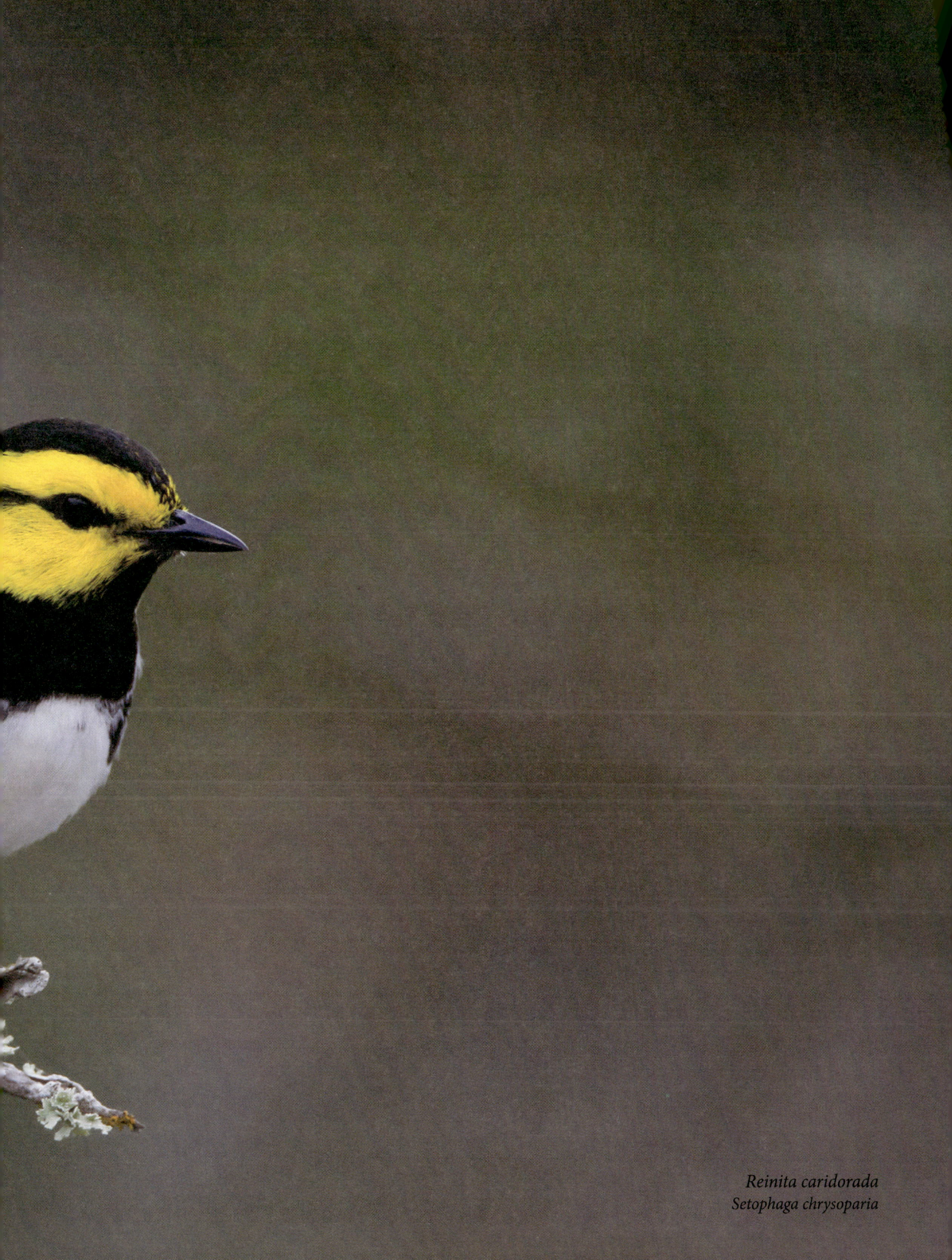

Reinita caridorada
Setophaga chrysoparia

Tirano oriental

El tirano oriental, a pesar de su nombre, es un ave migratoria de larga distancia que anida en la mayor parte de Norteamérica.

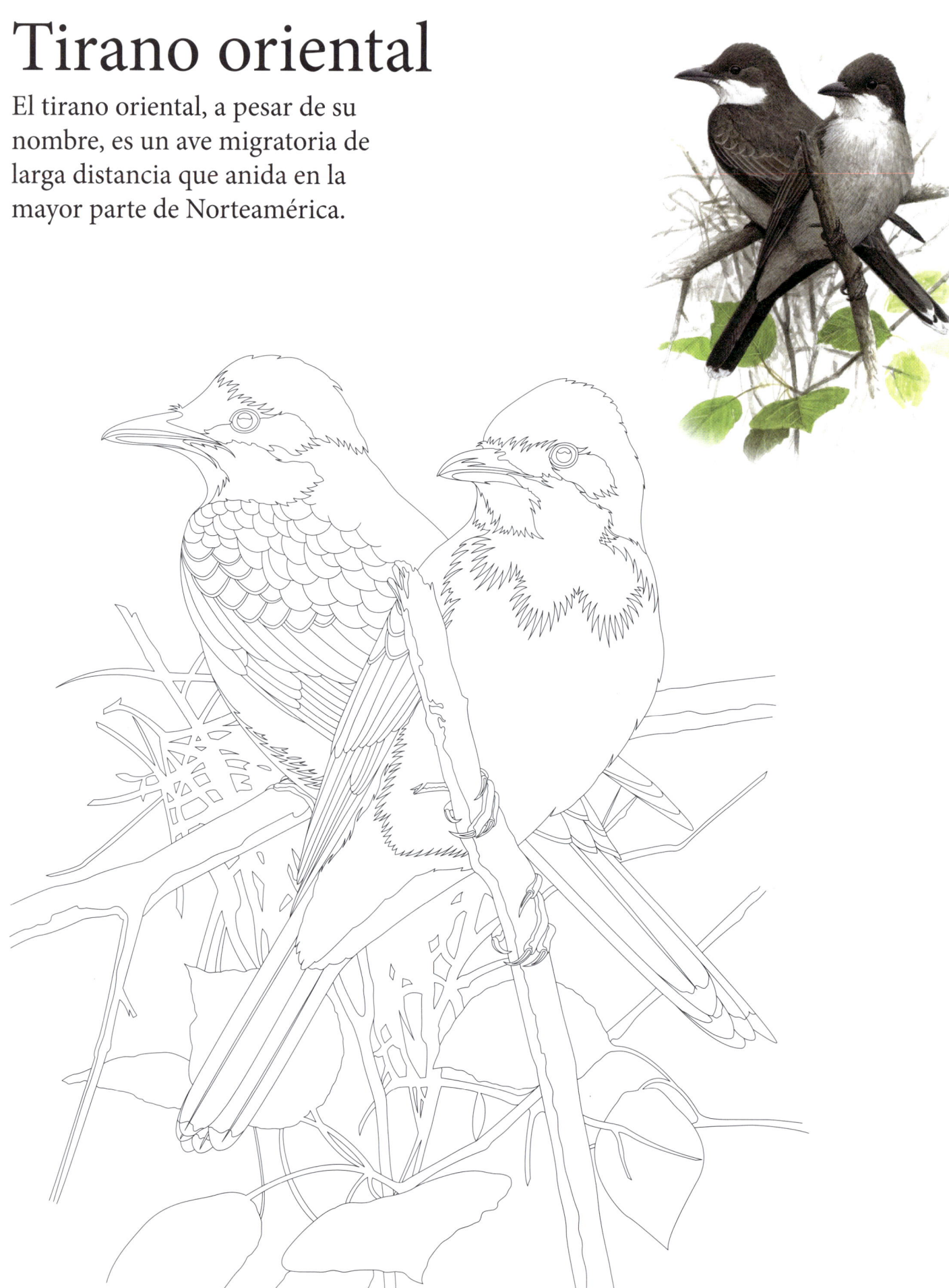

Aninga americana

A las aningas americanas también se las conoce como «pájaros serpiente». Esto se debe a que, cuando nadan, solo su cuello aparece por encima del agua, y parece una serpiente dispuesta para atacar.

Fragata real

La fragata real es una de las aves
que mejor vuelan en el mundo. De
hecho, se maneja tan bien en el aire
que puede volar en pleno huracán.

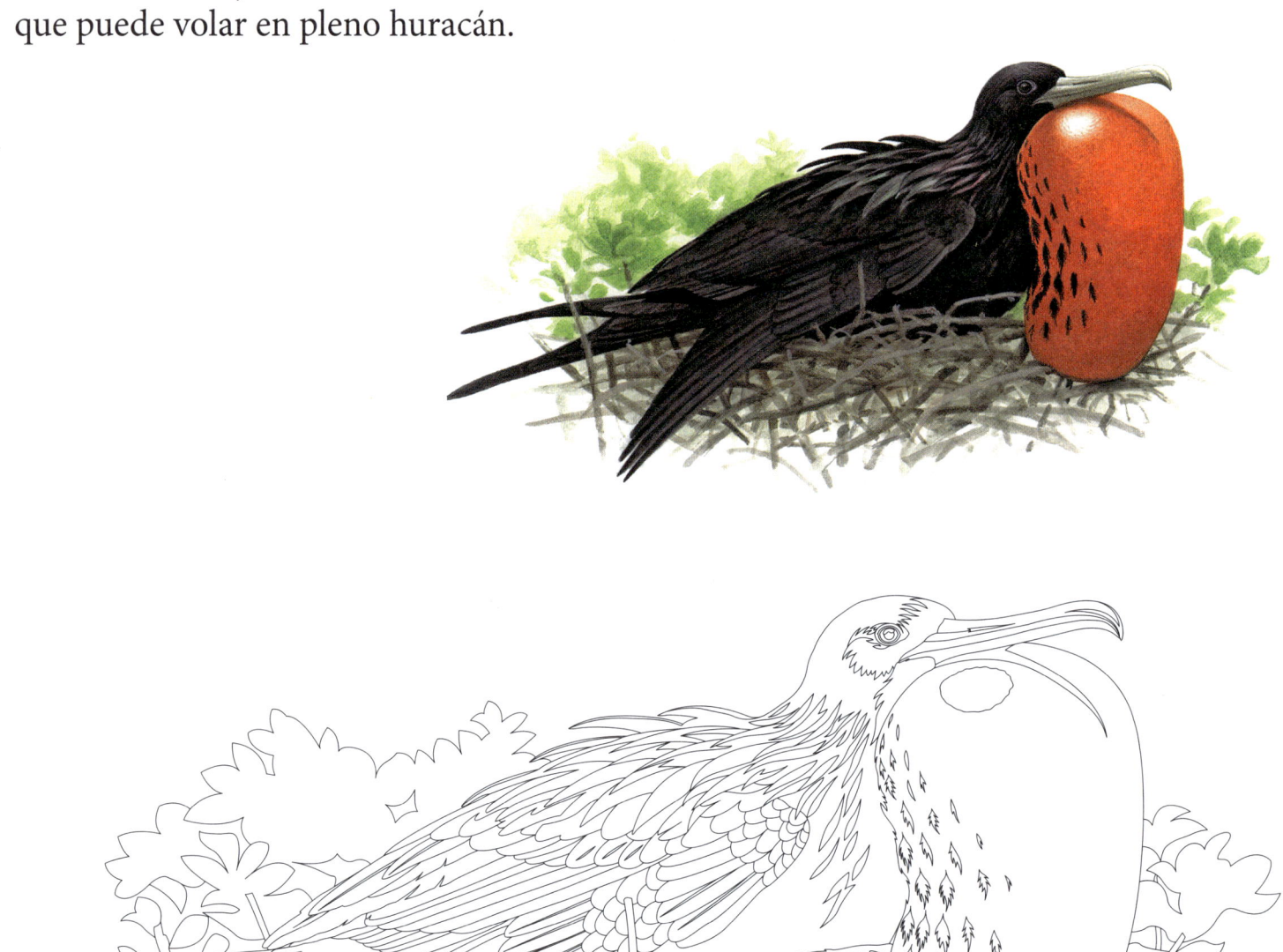

Pelícano pardo

En el caso del pelícano pardo, no hay duda: su pico puede contener más que su barriga. Es el símbolo del estado de Luisiana.

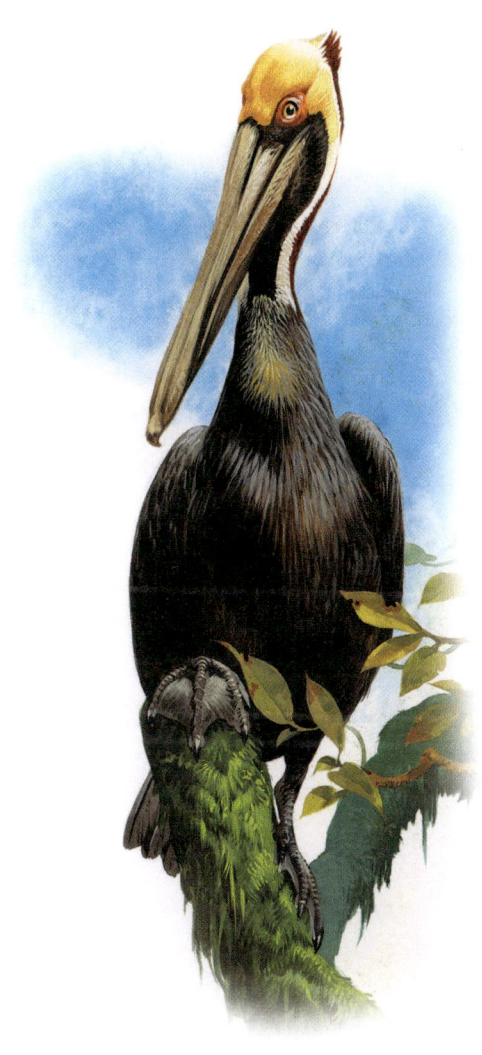

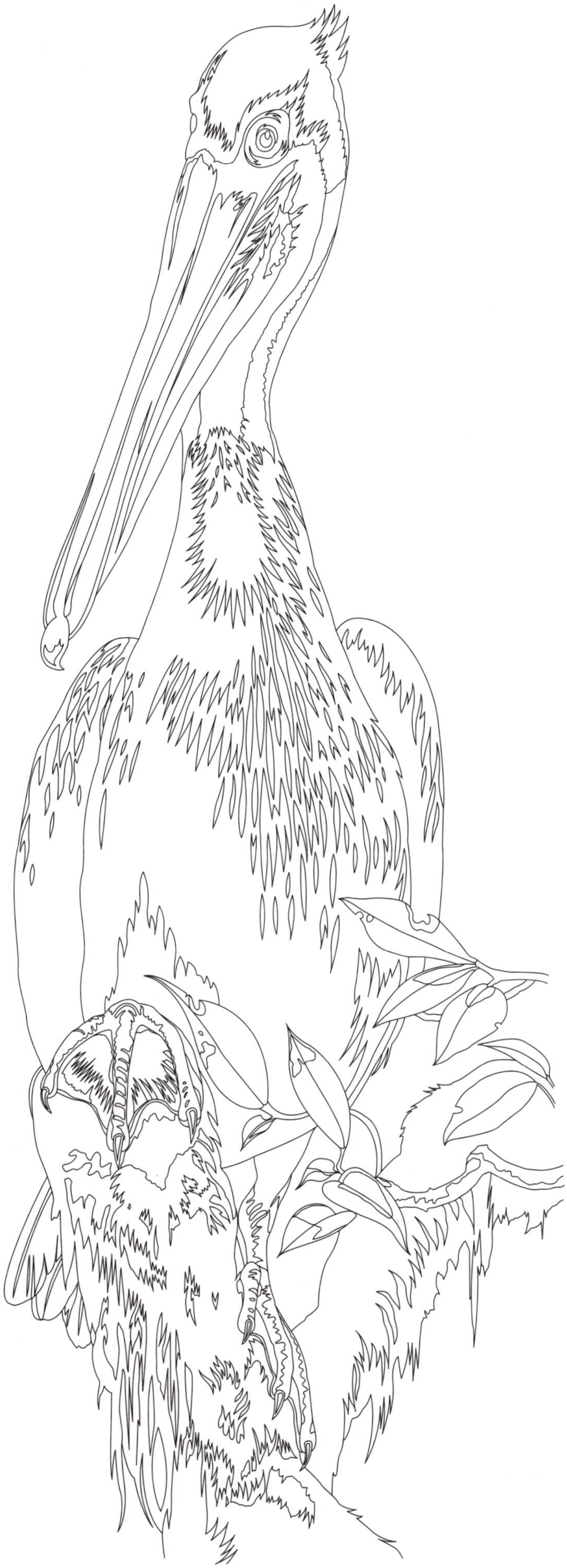

Cormorán grande

En la leyenda nórdica, aquellos
que mueren en el mar pasan la
eternidad en la isla de Utrøst,
donde pueden visitar a sus seres
queridos disfrazados de cormorán.

Alcatraz atlántico

Pocas veces las aves marinas acaban en un plato, pero los habitantes de la isla de Lewis (Reino Unido) consideran al alcatraz un manjar. Su sabor se describe como el de un chicle con sabor a pescado.

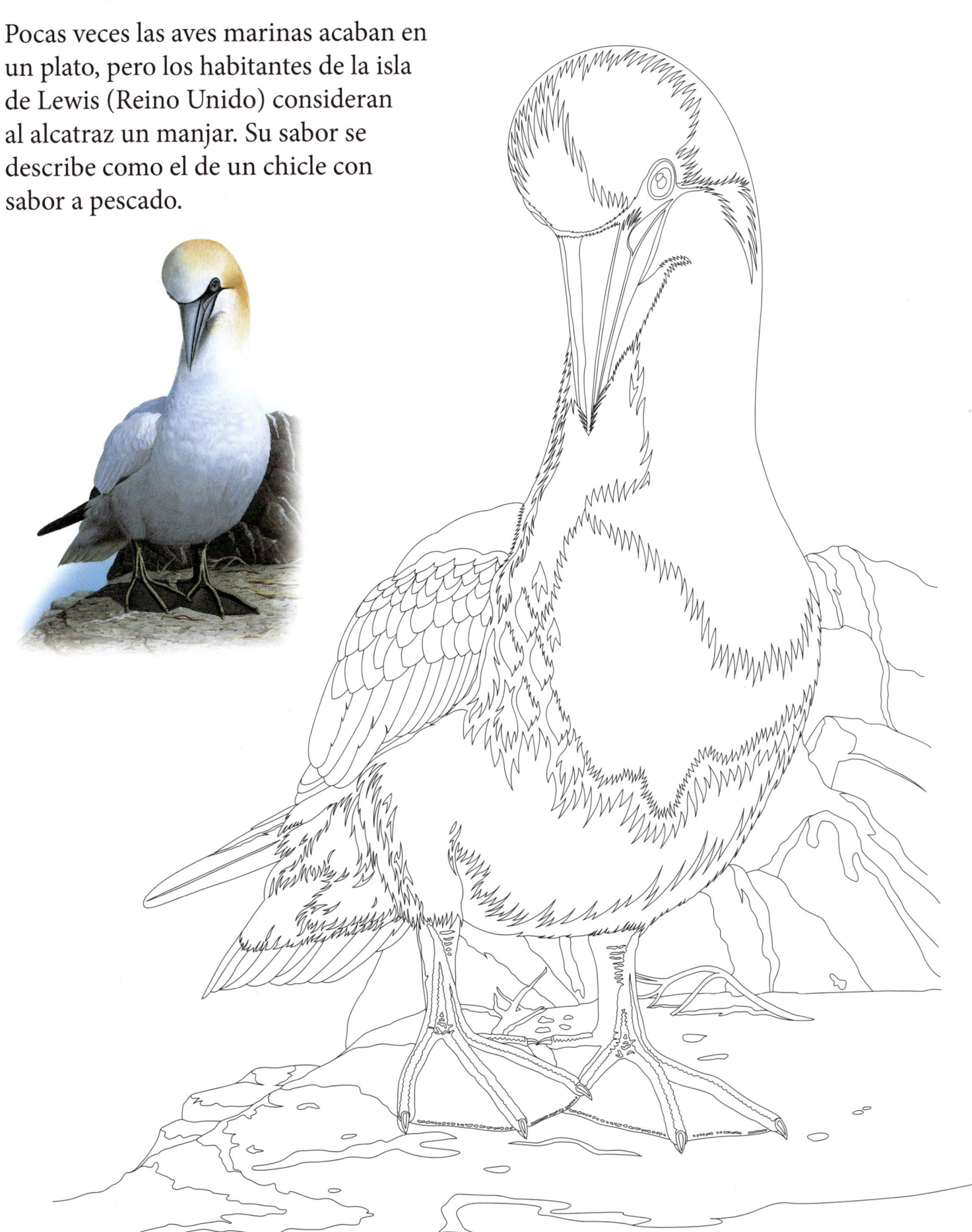

Flamenco común

Con su brillante plumaje rosa, el
flamenco es un ave muy llamativa.
Sus orígenes se remontan a hace
cuatro millones de años.

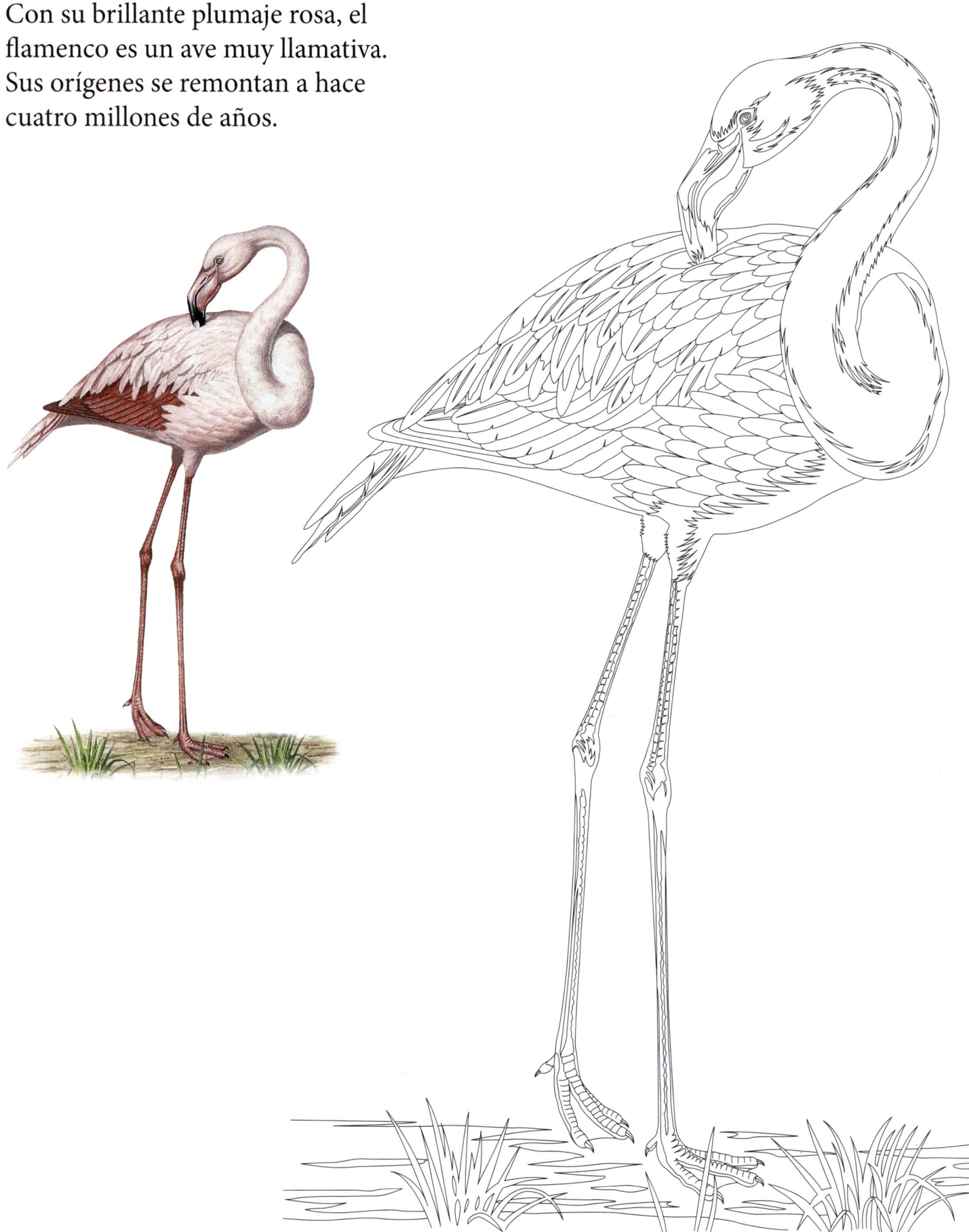

Carpintero de cabeza roja

El famoso personaje infantil de dibujos animados «Pájaro Loco» se inspiró en el pájaro carpintero de cabeza roja.

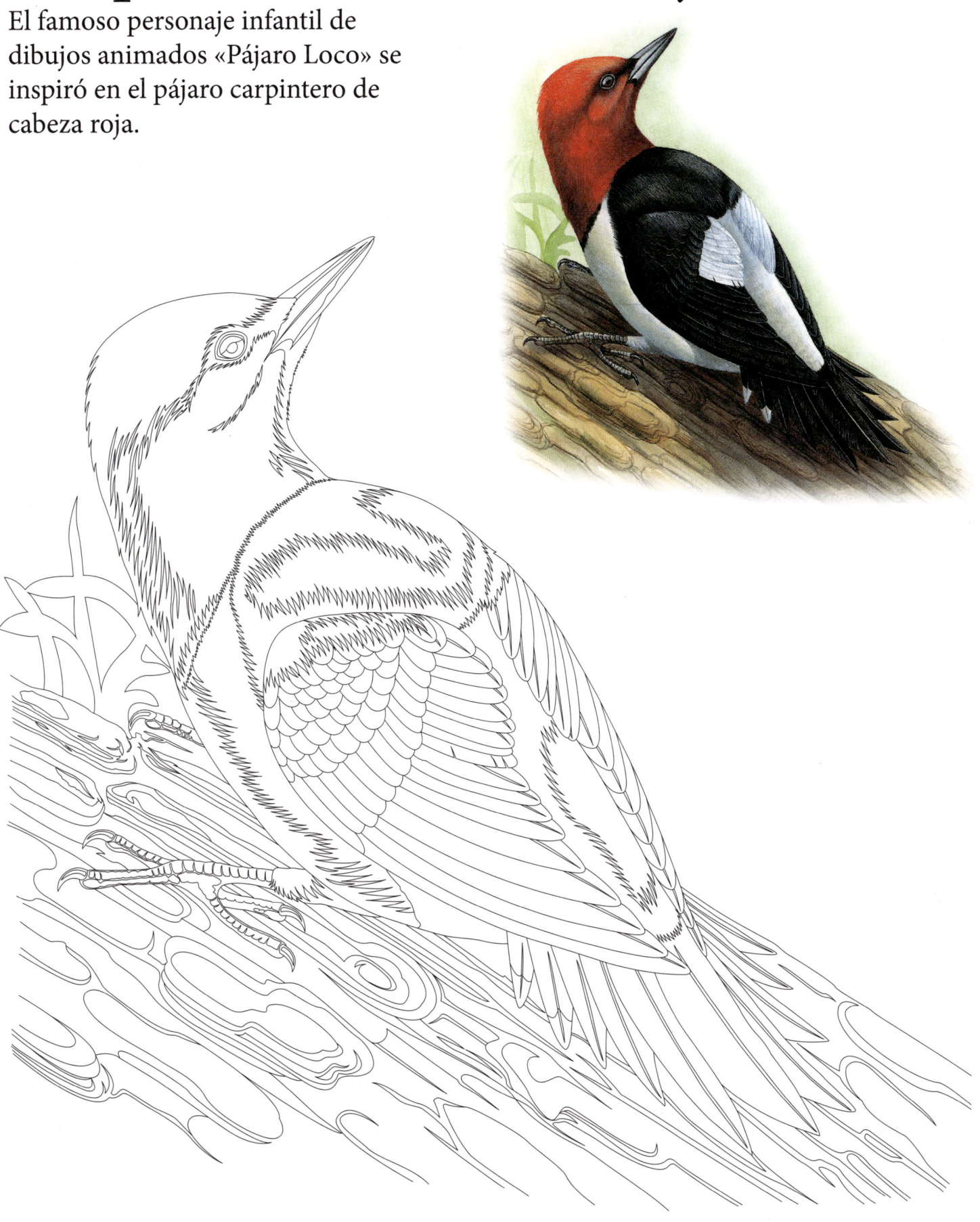

Pico tridáctilo

El pico tridáctilo suele ser sedentario, aunque los ejemplares de las zonas septentrionales pueden volar al sur durante el invierno.

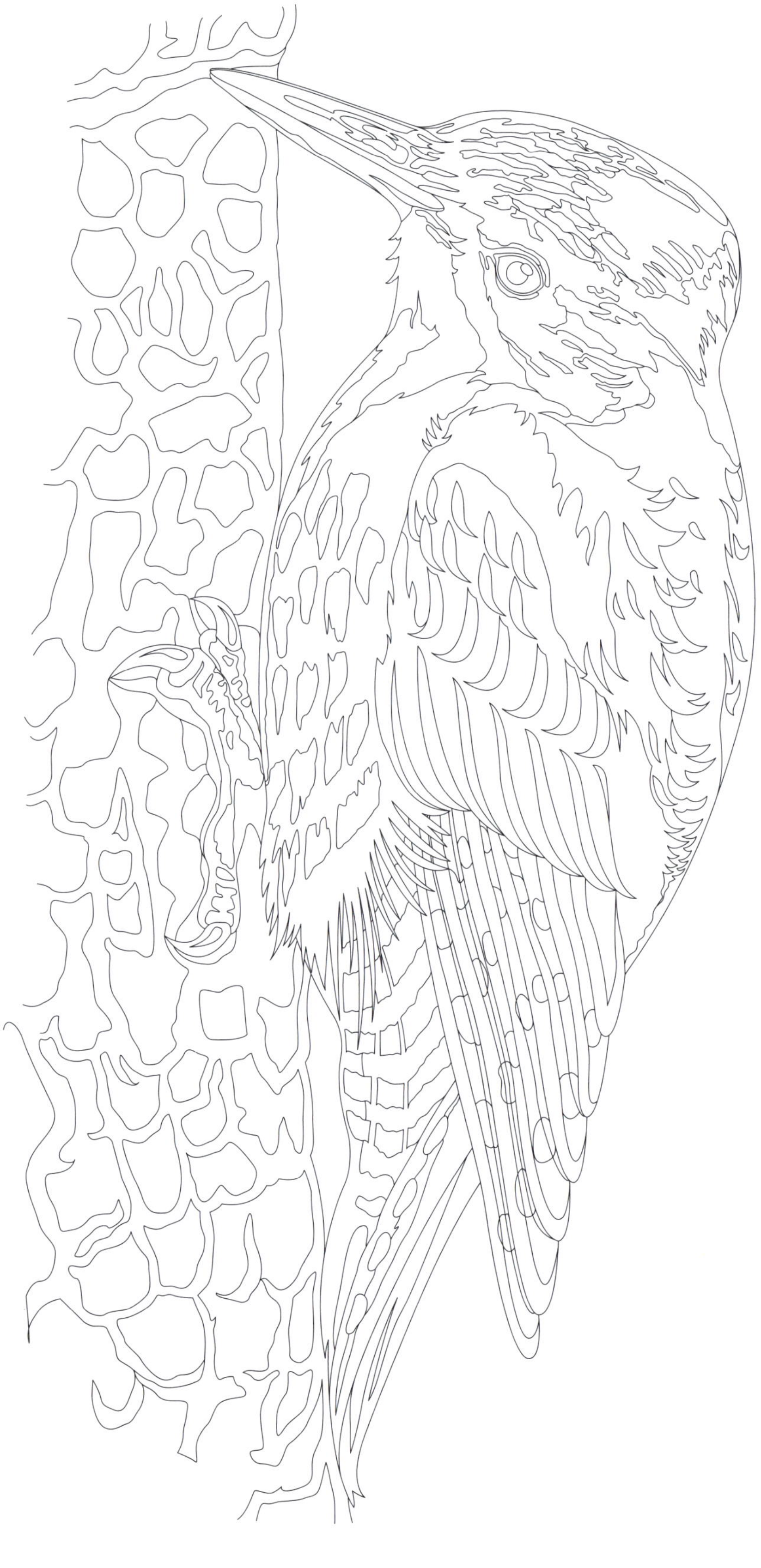

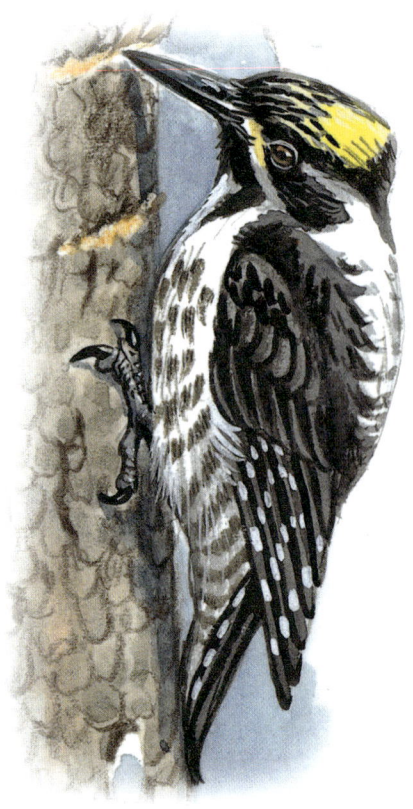

Fulmar boreal

El hermoso fulmar es conocido
por un hábito ingenioso, pero poco
atractivo. Cuando acecha el peligro,
vomita jugos gástricos aceitosos
sobre su atacante.

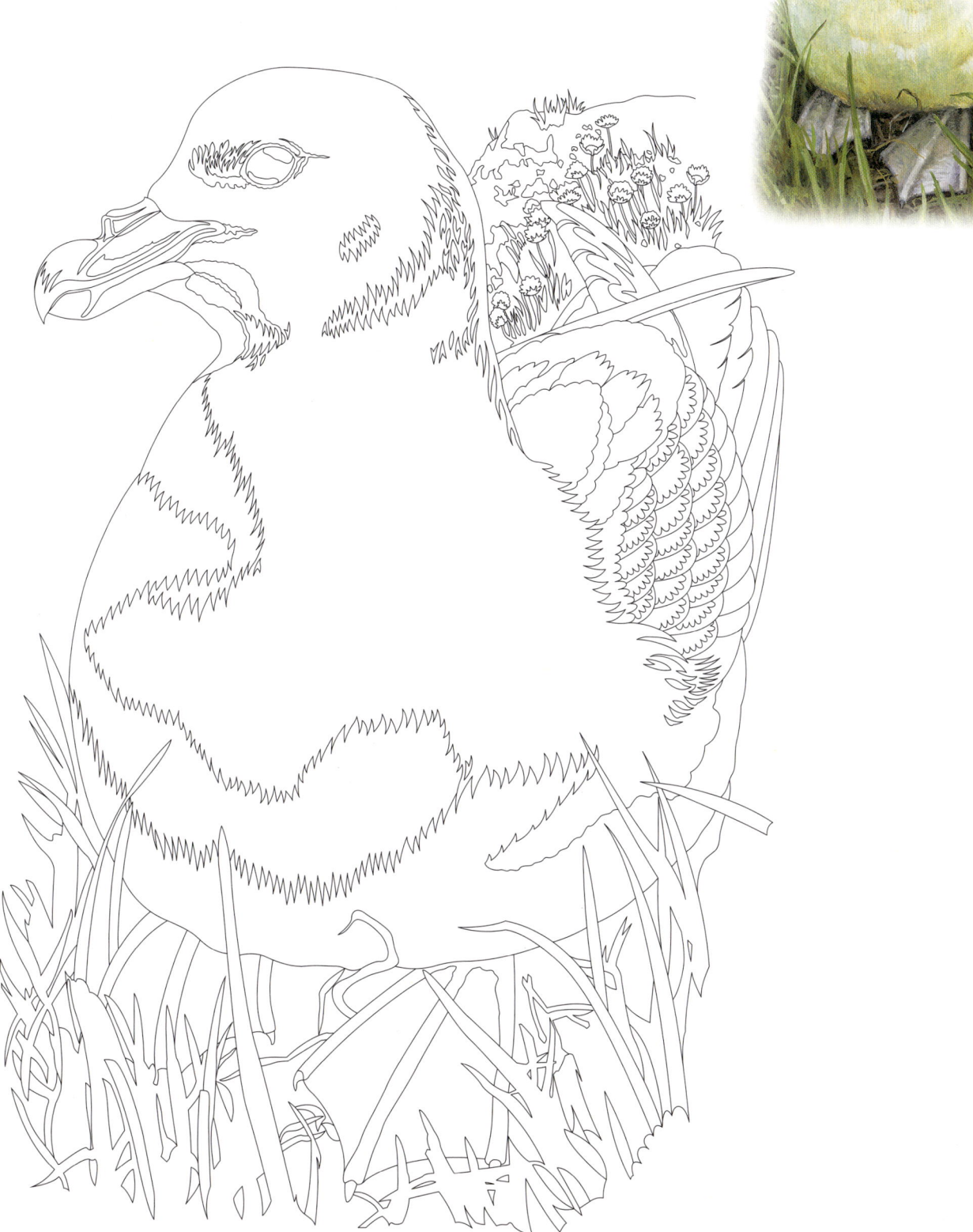

Pardela capirotada

La pardela vuela de manera
eficiente y grácil. Cuando
está en el aire, se desplaza
lateralmente de una corriente
de aire a otra para ahorrar
energía.

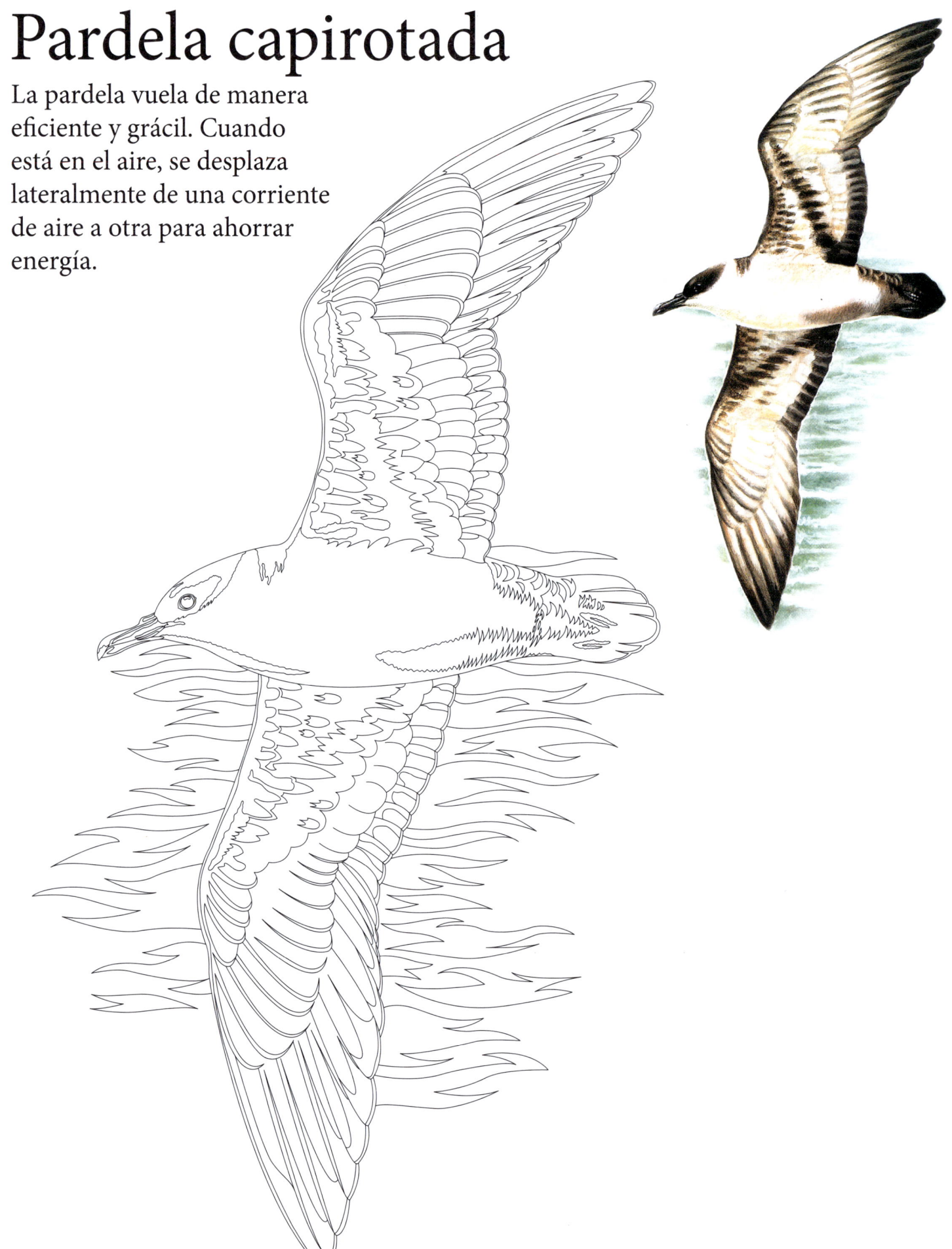

Pardela pichoneta

La pardela pichoneta es una esbelta
ave marina que pasa la mayor parte
del año pescando en mar abierto
y regresa cada primavera para
reproducirse en islas rocosas.

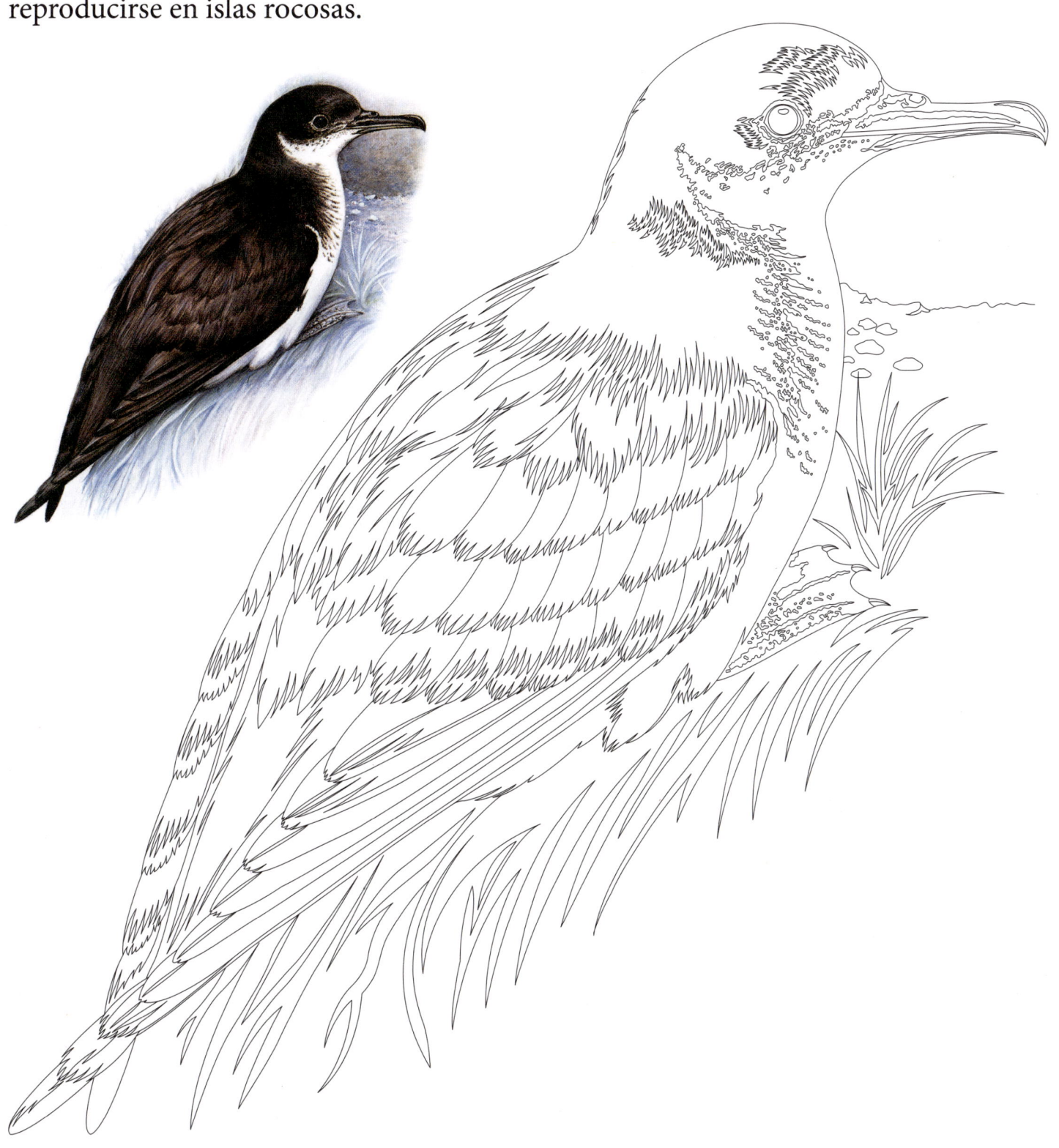

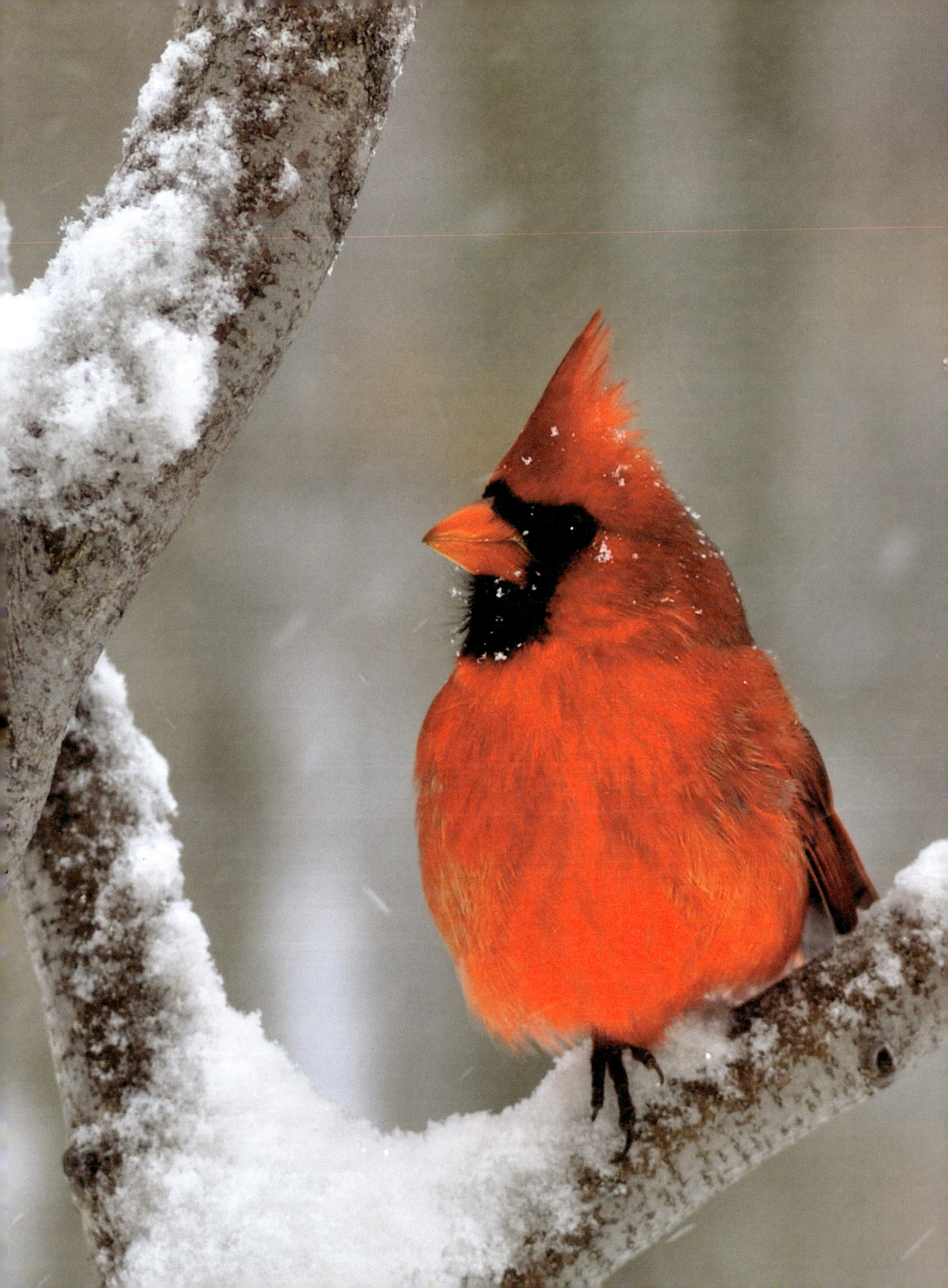

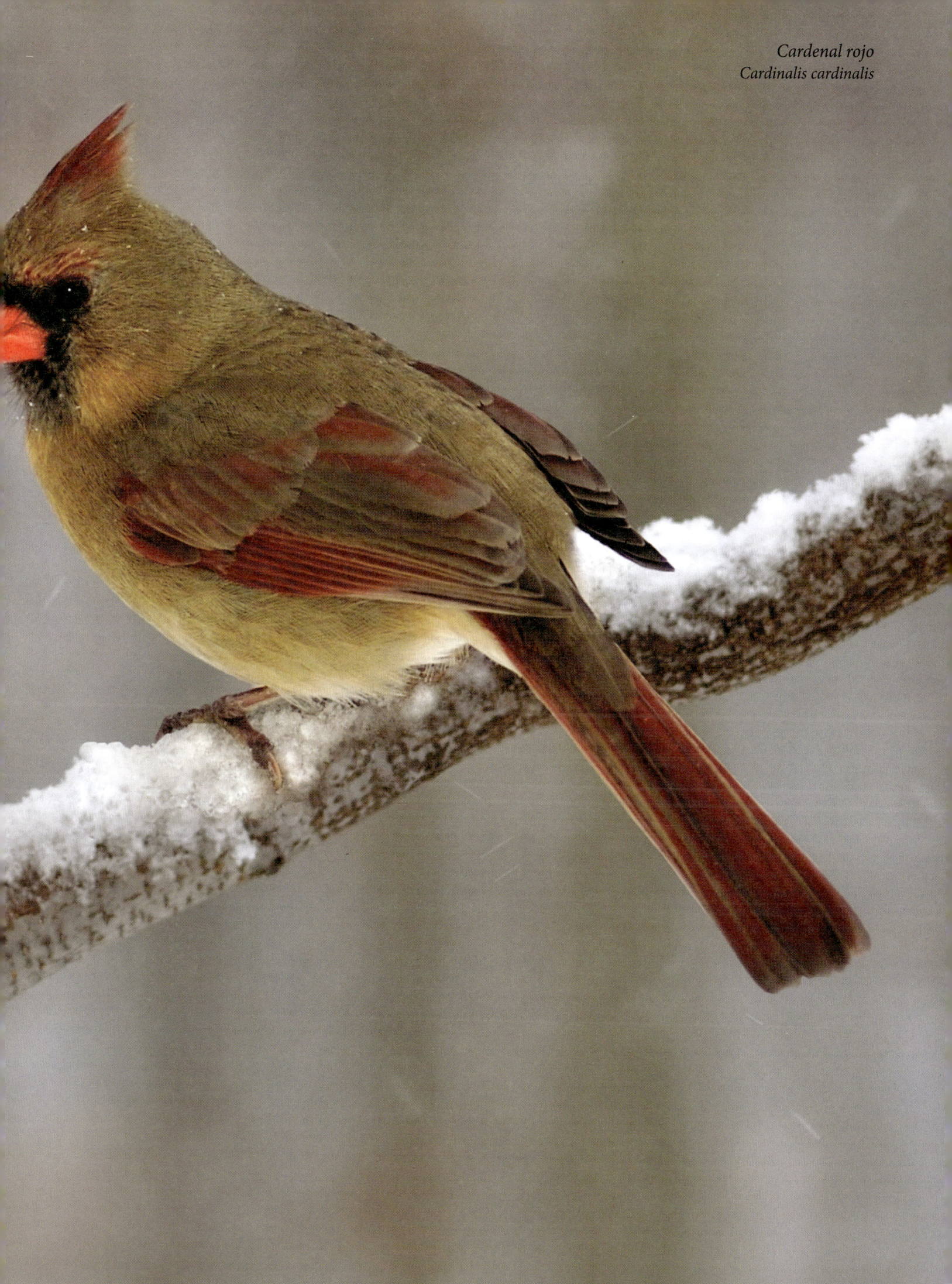

Pardela de Tasmania

La Pardela de Tasmania migra a sus
zonas de cría en enormes bandadas
de decenas de miles de individuos.

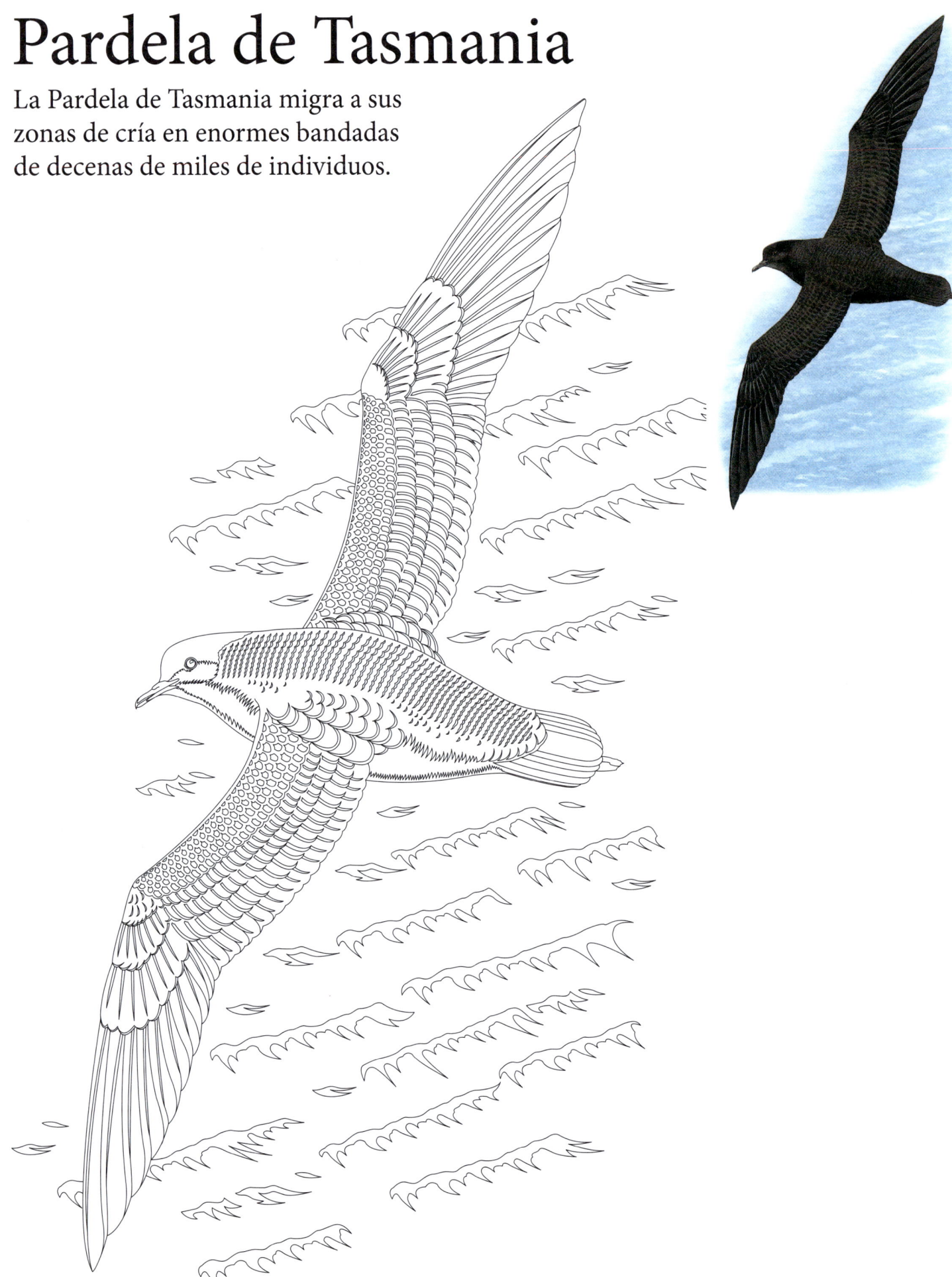

Mochuelo boreal

Este pequeño búho también recibe el nombre de lechuza de Tengmalm por Peter Gustaf Tengmalm (1754-1803), el naturalista sueco que identificó por primera vez la especie.

Búho campestre

El búho campestre emite a menudo una serie de profundos sonidos «po-po-po» mientras vuela, pero caza en completo silencio.

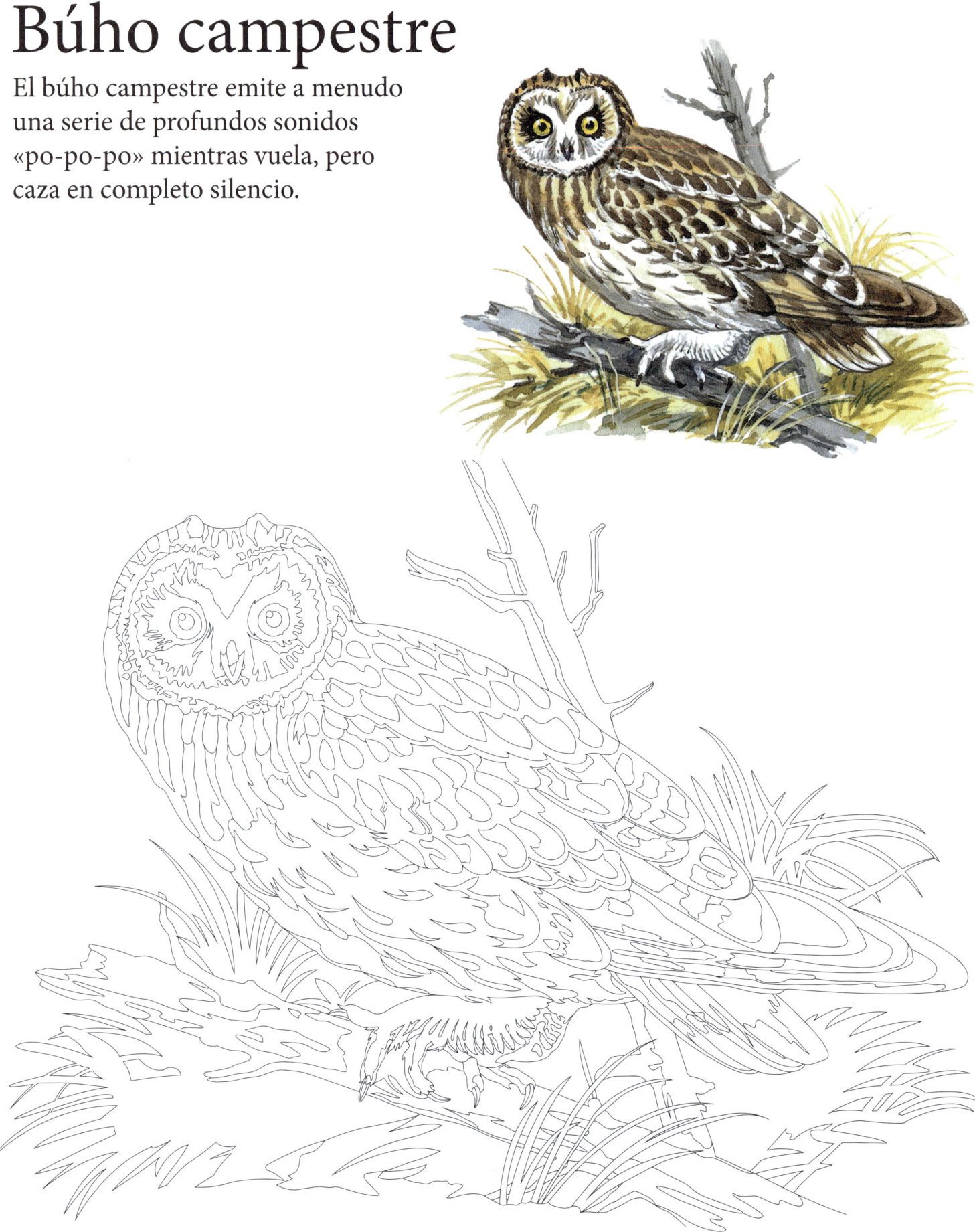

Búho chico

A diferencia de muchos otros
búhos, el búho chico, de tamaño
considerable y aspecto llamativo,
suele cazar en completa oscuridad.

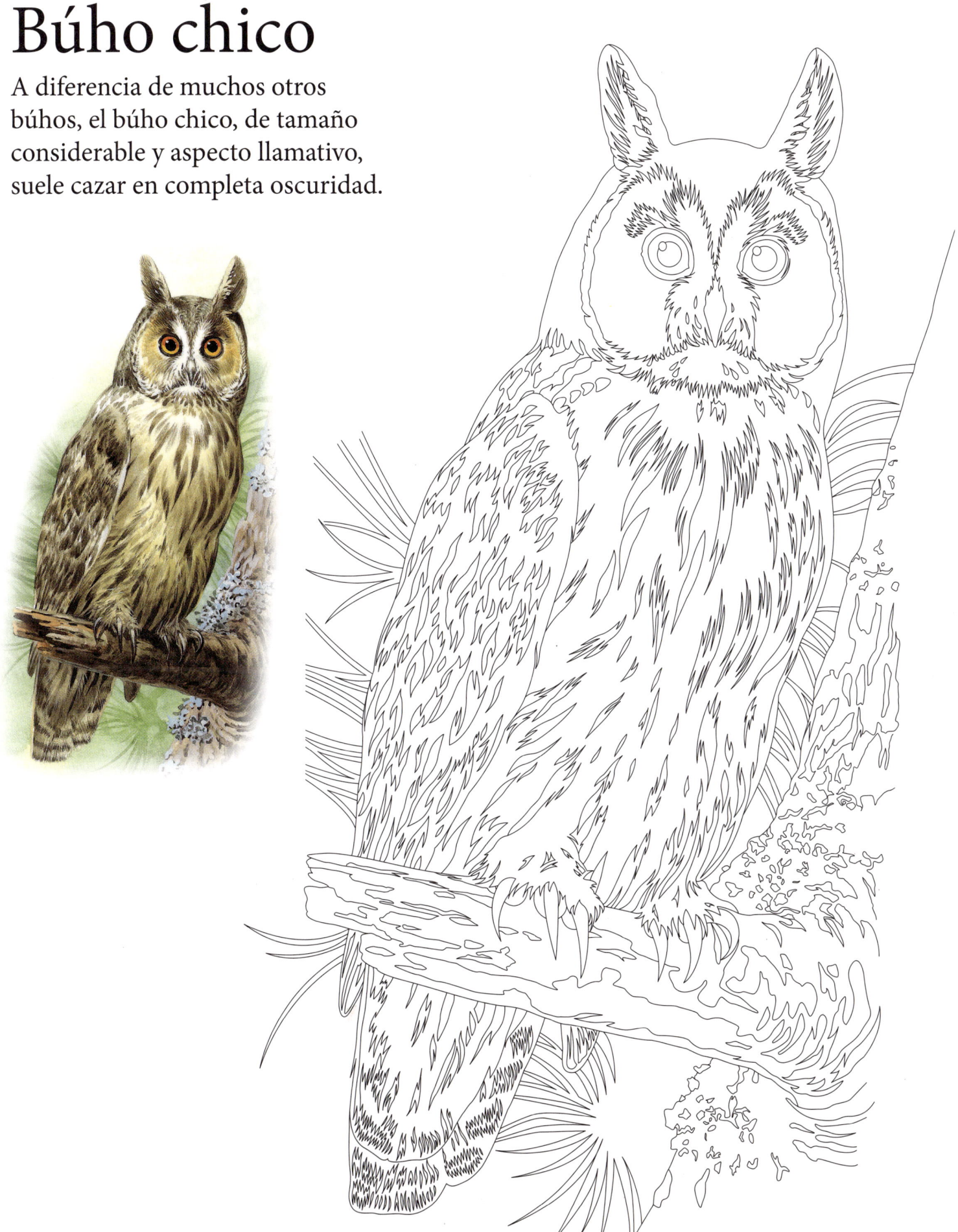

Mochuelo de madriguera

Por extraño que pueda parecer,
el pequeño búho de madriguera
pasa la mayor parte de su vida bajo
tierra, en madrigueras excavadas
especialmente por él.

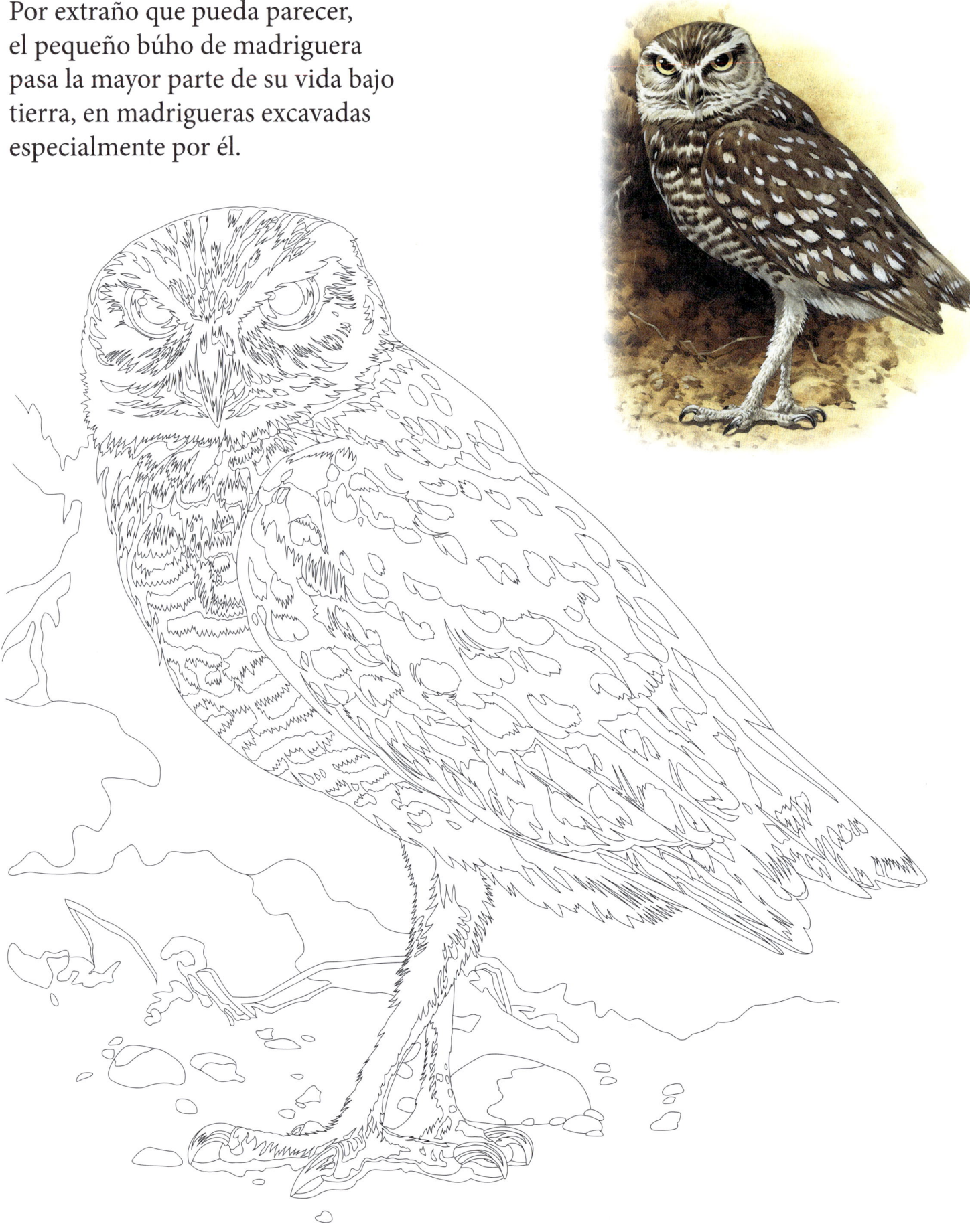

Búho nival

El voluminoso y angelical búho nival también es conocido como búho del Ártico o gran búho de las nieves, y está bien adaptado a la vida en el Polo Norte.

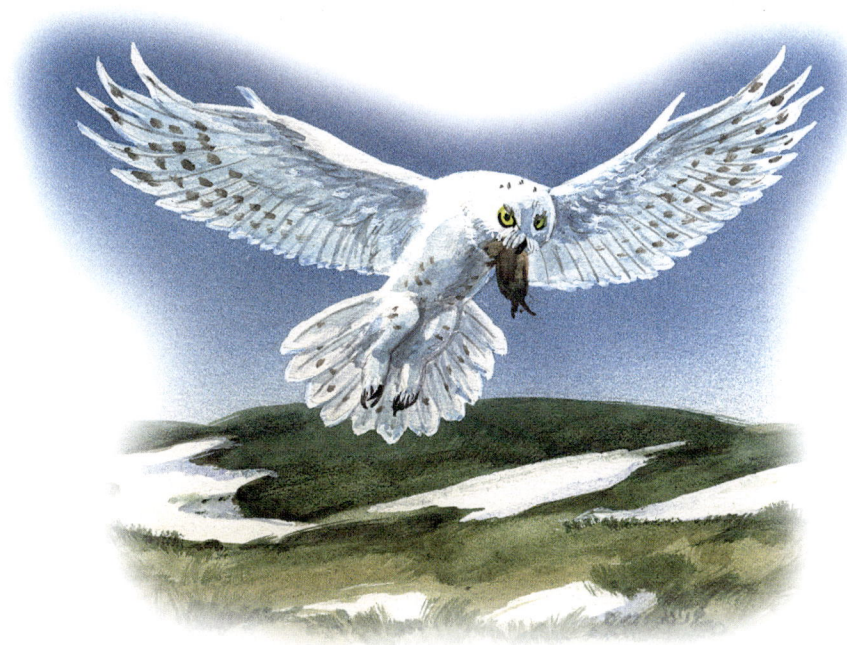

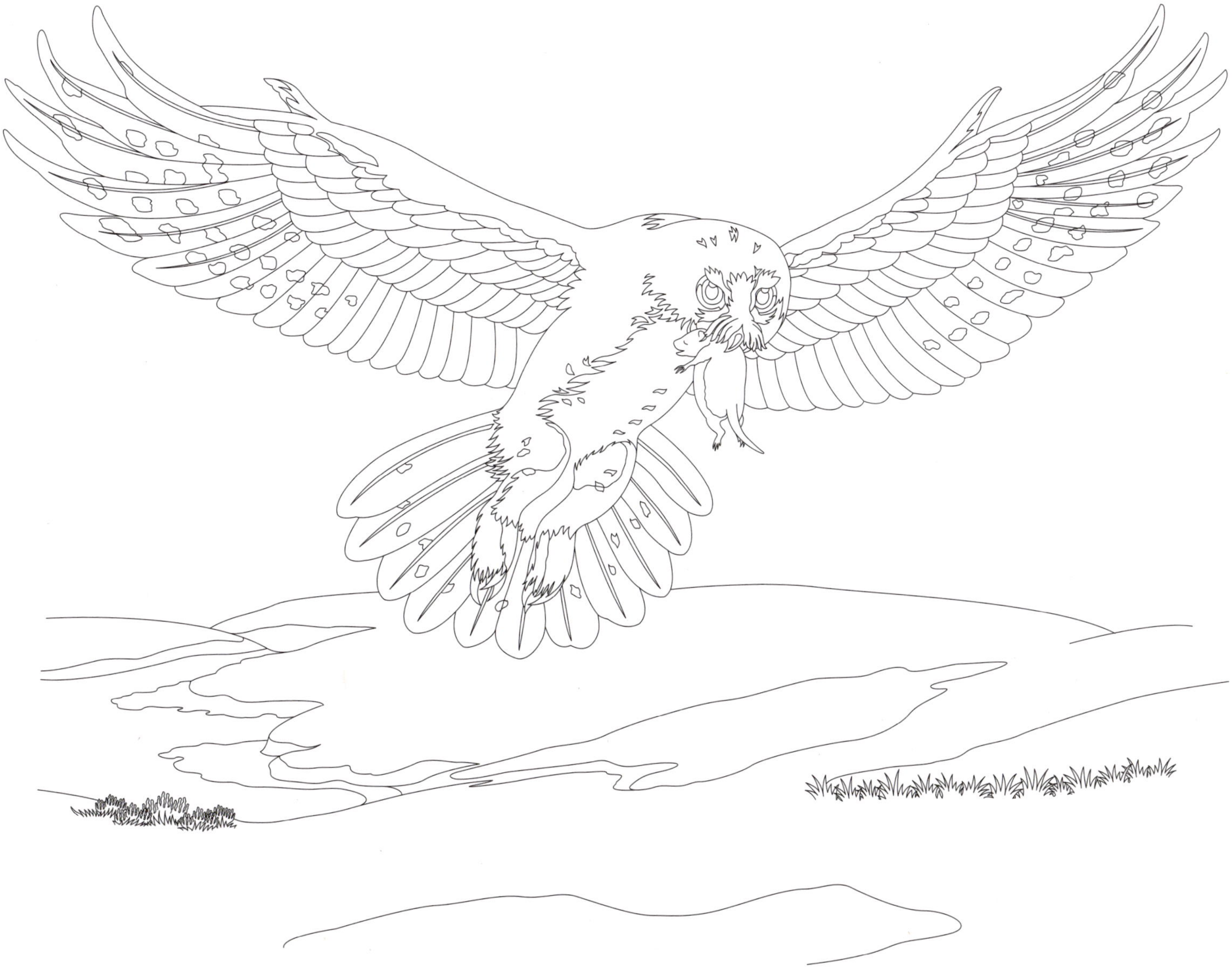

Búho americano

El enorme e imponente búho americano llega incluso a matar y comerse a otras aves rapaces.

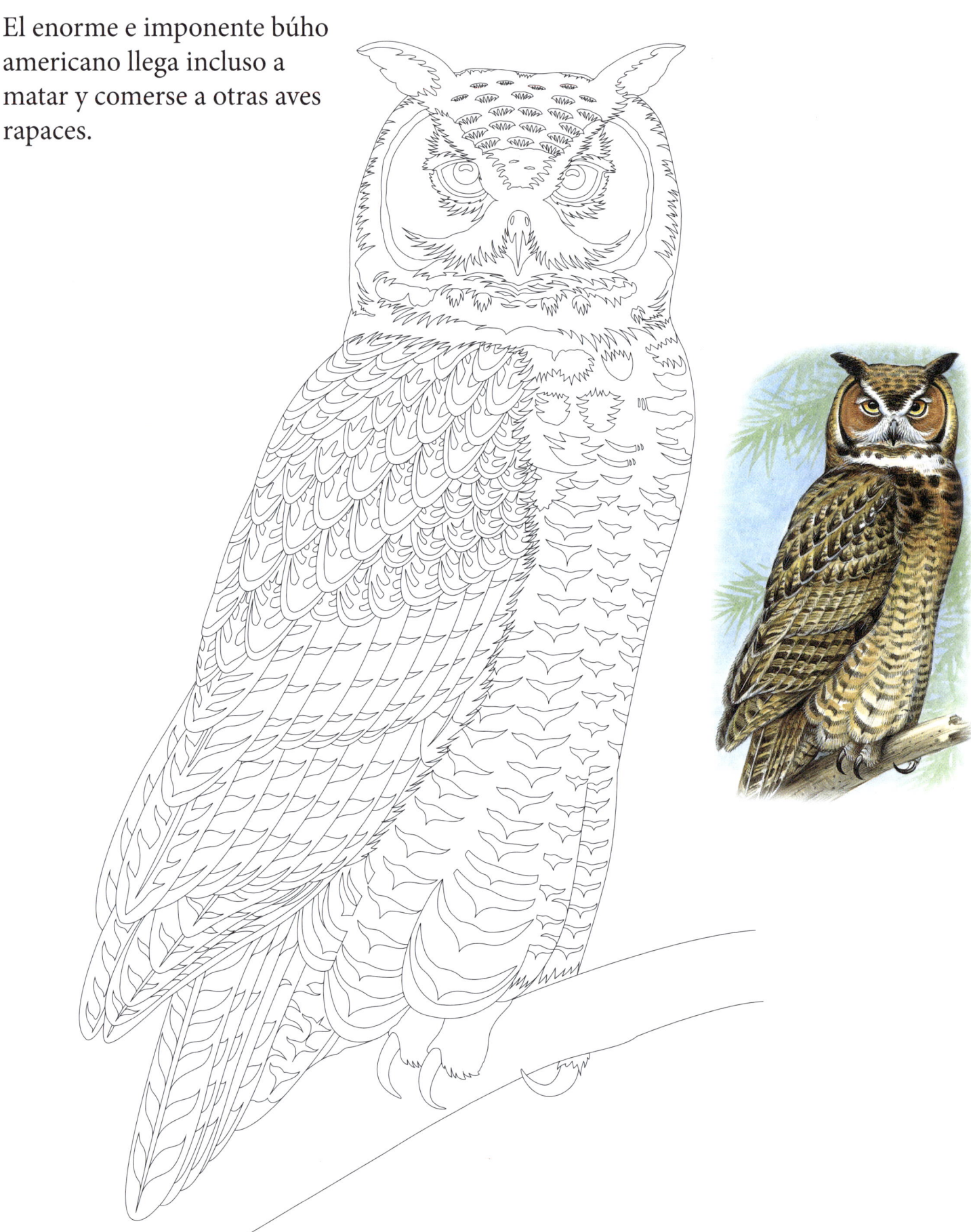

Autillo chillón

El diminuto autillo chillón tiene unos penetrantes ojos amarillos y prominentes penachos en las orejas. Es el más nocturno de todos los búhos norteamericanos.

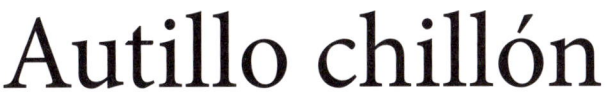

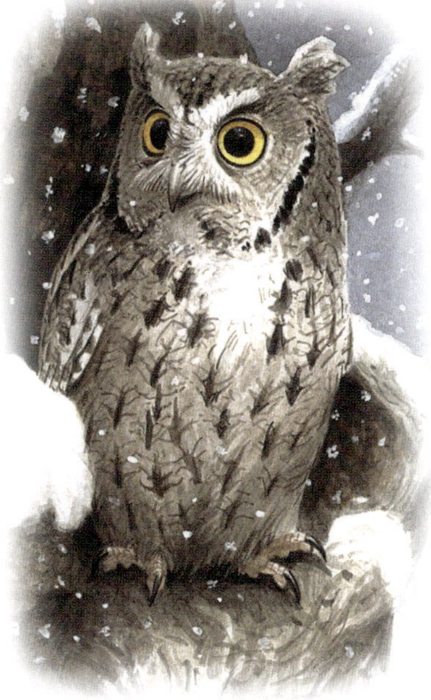

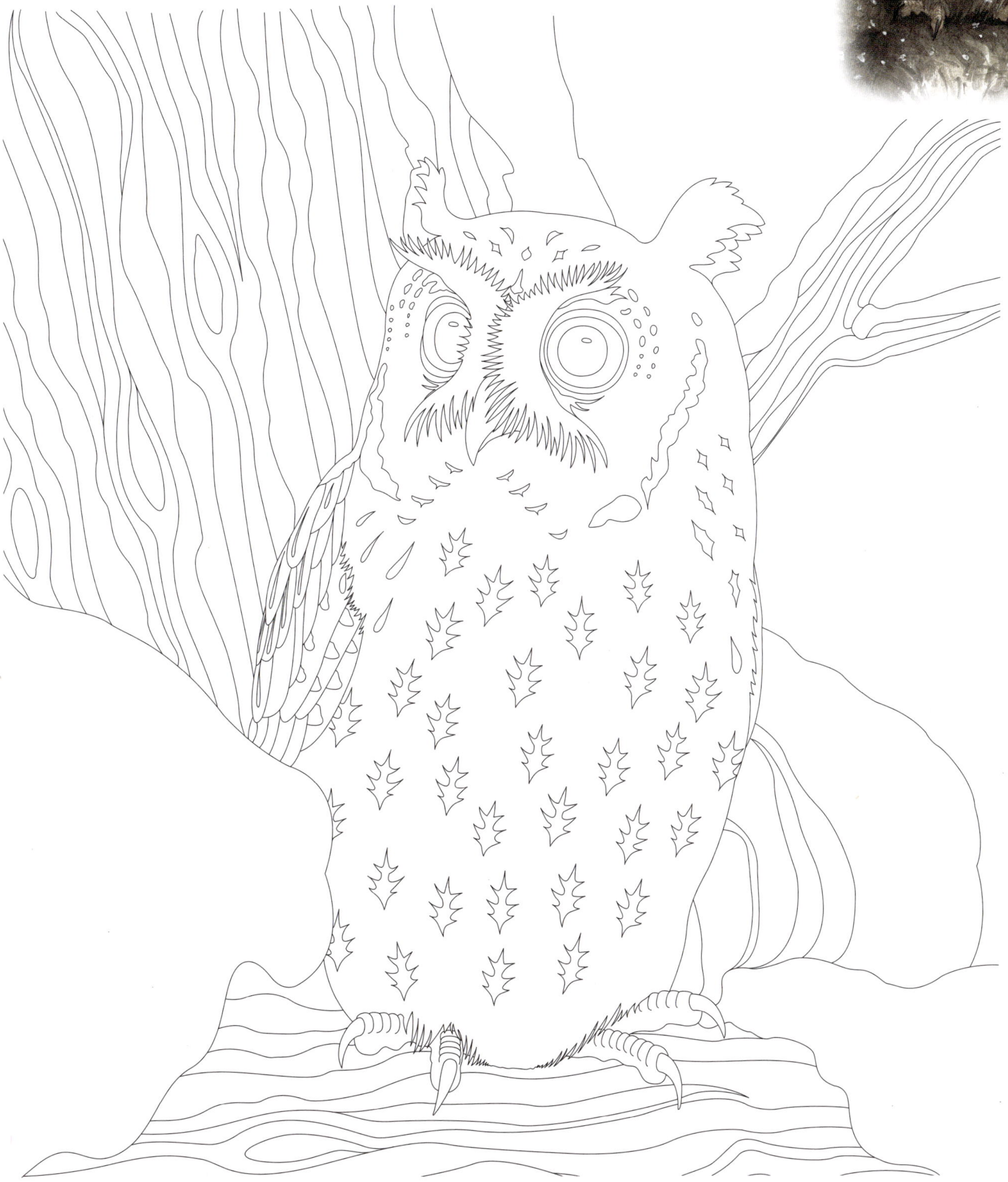

Mochuelo duende

También llamado búho enano, no es más grande que un gorrión, pero desde su cabeza redondeada hasta sus garras ganchudas es un búho en toda regla.

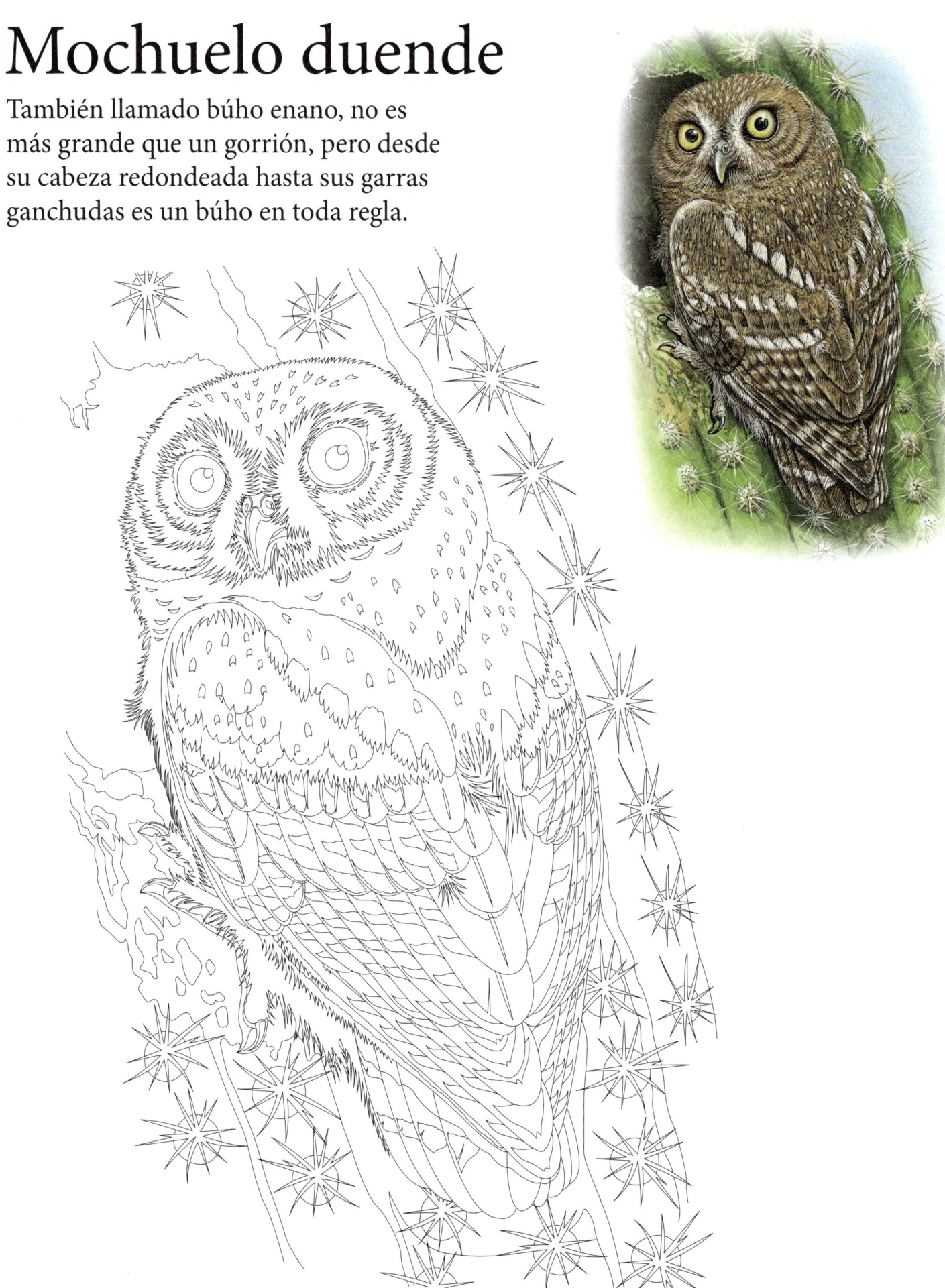

Lechuza común

Con su rostro pálido, sus ojos oscuros y sus gritos sobrenaturales, la lechuza común es responsable de muchas historias de fantasmas en el mundo rural.

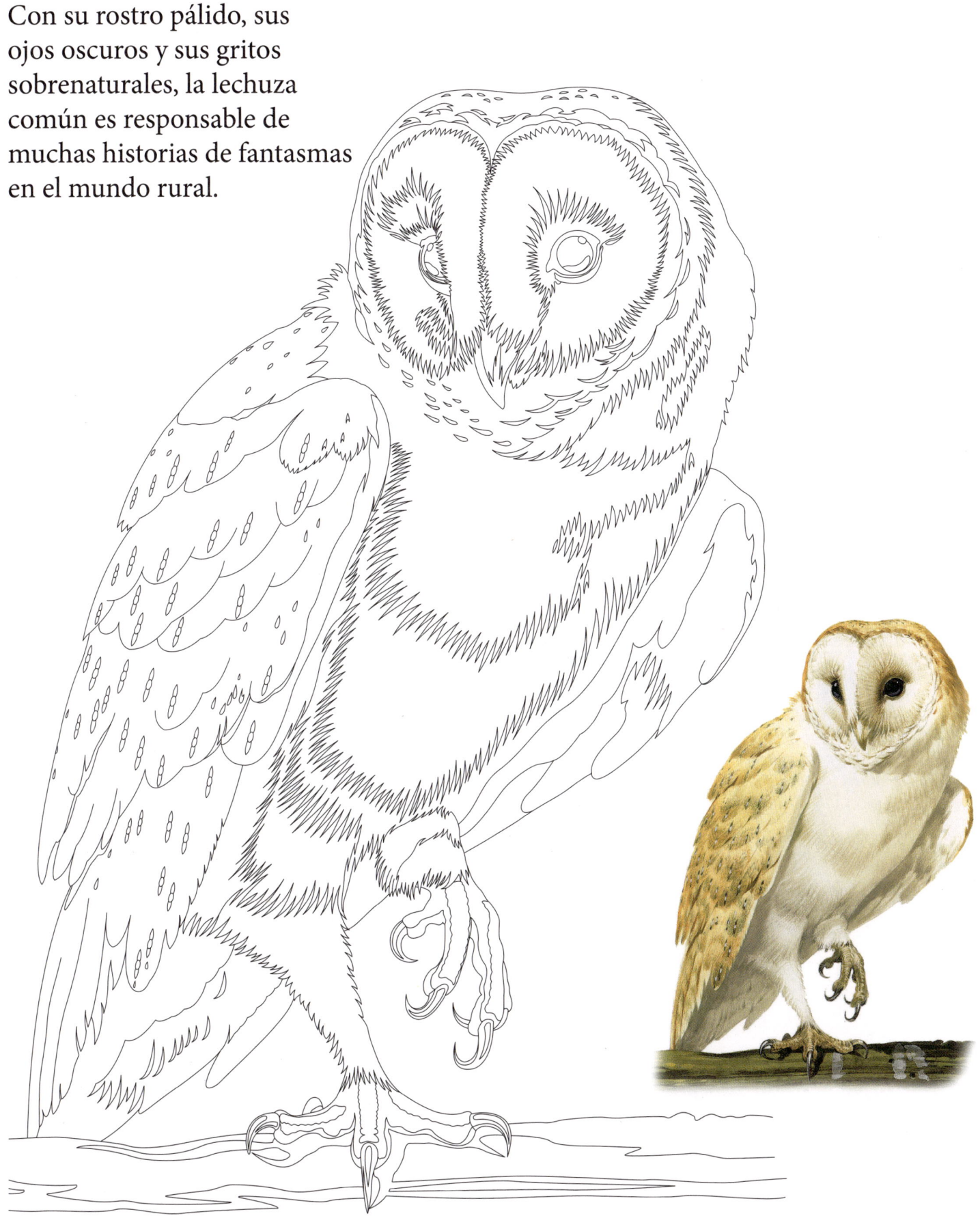

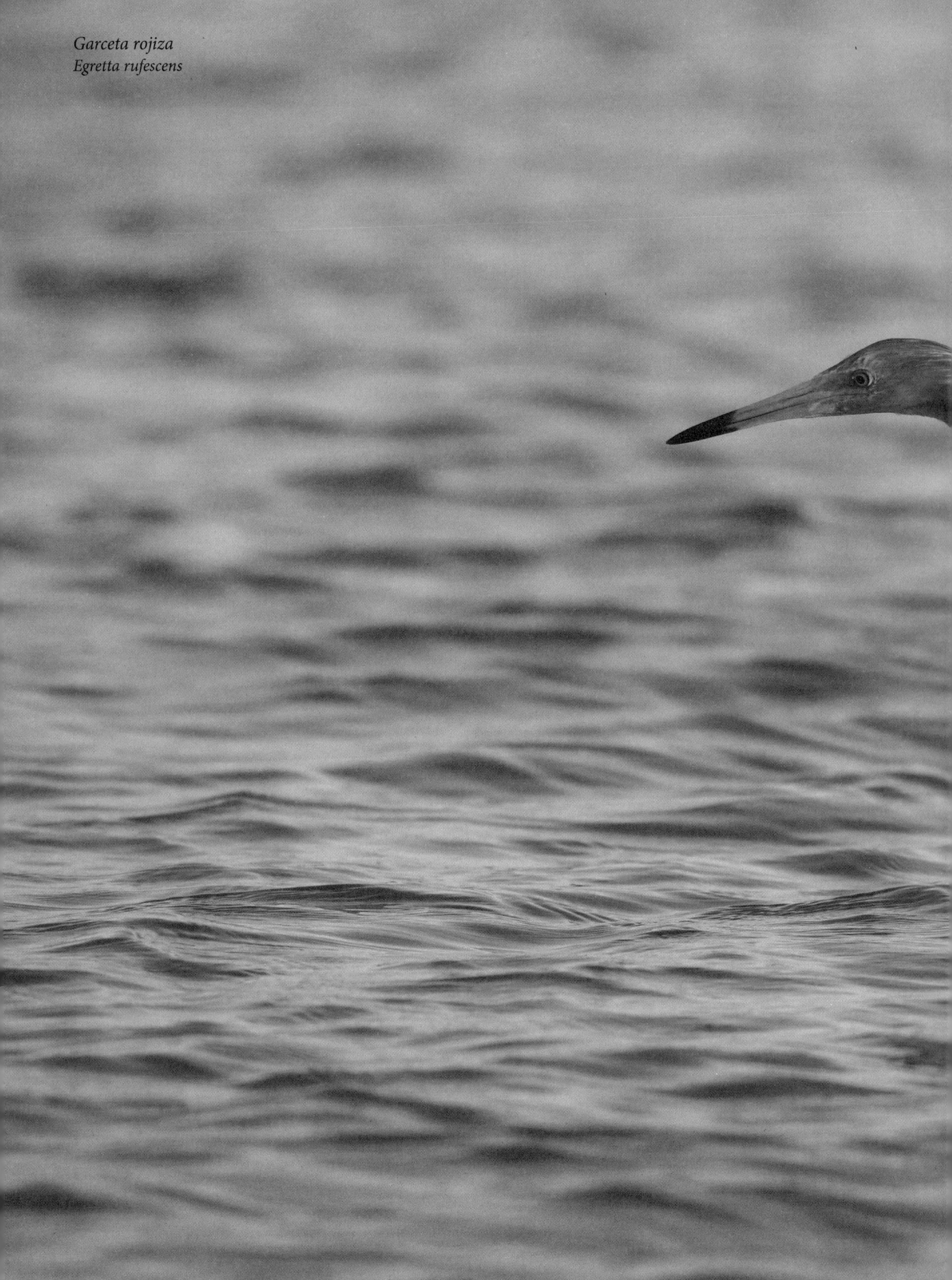

Garceta rojiza
Egretta rufescens

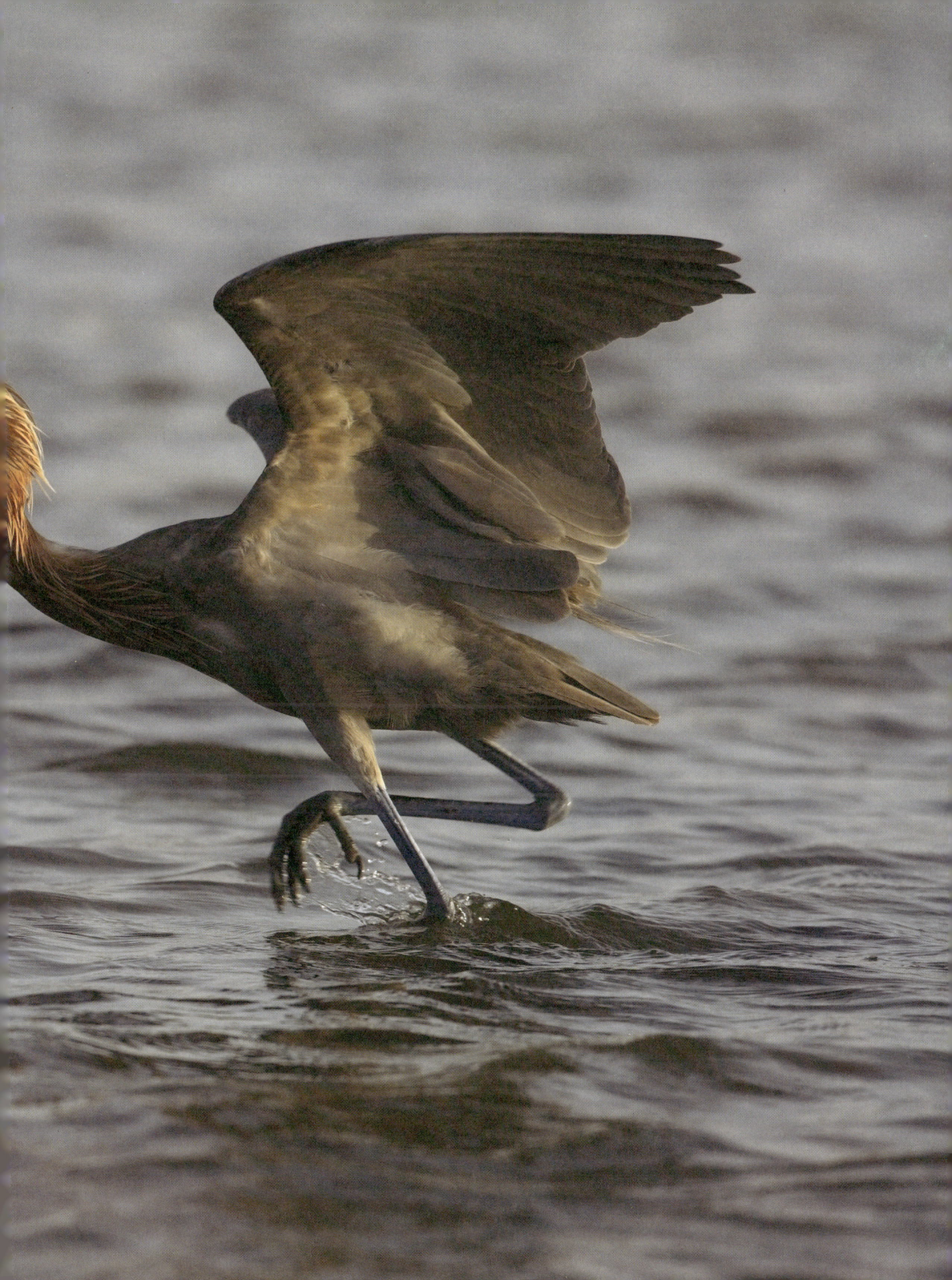

Estado de conservación de las especies

Pato joyuyo	Preocupación menor
Pato golondrino	Preocupación menor
Pato cuchara	Preocupación menor
Ánade real	Preocupación menor
Ganso nival	Preocupación menor
Porrón bastardo	Preocupación menor
Barnacla carinegra	Preocupación menor
Barnacla de Canadá	Preocupación menor
Ganso de Hawái	Vulnerable
Cisne blanco	Preocupación menor
Pato arlequín	Preocupación menor
Serreta grande	Preocupación menor
Eider común	Casi amenazada
Colibrí de garganta rubí	Preocupación menor
Mérgulo atlántico	Preocupación menor
Frailecillo	Vulnerable
Arao común	Preocupación menor
Chorlitejo chico	Preocupación menor
Chorlo semipalmado	Preocupación menor
Chorlito gris	Preocupación menor
Gaviota argéntea	Preocupación menor
Gaviota cana	Preocupación menor
Gaviota tridáctila	Preocupación menor
Vuelvepiedras rojizo	Preocupación menor
Correlimos tridáctilo	Preocupación menor
Correlimos común	Preocupación menor
Correlimos gordo	Casi amenazada
Correlimos oscuro	Preocupación menor
Agachadiza común	Preocupación menor
Zarapito trinador	Preocupación menor
Falaropo picofino	Preocupación menor
Págalo grande	Preocupación menor
Fumarel común	Preocupación menor
Charrán ártico	Preocupación menor
Charrán real	Preocupación menor
Garza blanca	Preocupación menor
Garza bueyera	Preocupación menor
Paloma bravía	Preocupación menor
Águila real	Preocupación menor
Águila ratonera	Preocupación menor
Aguilucho pálido	Preocupación menor
Águila calva	Preocupación menor
Cóndor de California	En peligro crítico de extinción
Caracara norteño	Preocupación menor
Esmerejón	Preocupación menor
Halcón peregrino	Preocupación menor
Águila pescadora	Preocupación menor

Pollo	Preocupación menor
Perdiz pardilla	Preocupación menor
Faisán común	Preocupación menor
Perdiz nival	Preocupación menor
Gallo de las praderas grande	Vulnerable
Colimbo grande	Preocupación menor
Alondra cornuda	Preocupación menor
Ampelis europeo	Preocupación menor
Chara floridiana	Vulnerable
Cuervo	Preocupación menor
Chara azul	Preocupación menor
Urraca	Preocupación menor
Pepitero norteño	Preocupación menor
Piquituerto común	Preocupación menor
Golondrina	Preocupación menor
Avión zapador	Preocupación menor
Golondrina bicolor	Preocupación menor
Alcaudón norteño	Preocupación menor
Lavandera boyera	Preocupación menor
Collalba gris	Preocupación menor
Reinita colorada	Preocupación menor
Mascarita común	Preocupación menor
Ratona de las rocas	Preocupación menor
Chochín común	Preocupación menor
Zorzal ermitaño	Preocupación menor
Tirano oriental	Preocupación menor
Aninga americana	Preocupación menor
Fragata real	Preocupación menor
Pelícano pardo	Preocupación menor
Cormorán grande	Preocupación menor
Alcatraz atlántico	Preocupación menor
Flamenco común	Preocupación menor
Carpintero de cabeza roja	Casi amenazada
Pico tridáctilo	Preocupación menor
Fulmar boreal	Preocupación menor
Pardela capirotada	Preocupación menor
Pardela pichoneta	Preocupación menor
Pardela de Tasmania	Preocupación menor
Mochuelo boreal	Preocupación menor
Búho campestre	Preocupación menor
Búho chico	Preocupación menor
Mochuelo de madriguera	Preocupación menor
Búho nival	Preocupación menor
Búho americano	Preocupación menor
Autillo chillón	Preocupación menor
Mochuelo duende	Preocupación menor
Lechuza común	Preocupación menor

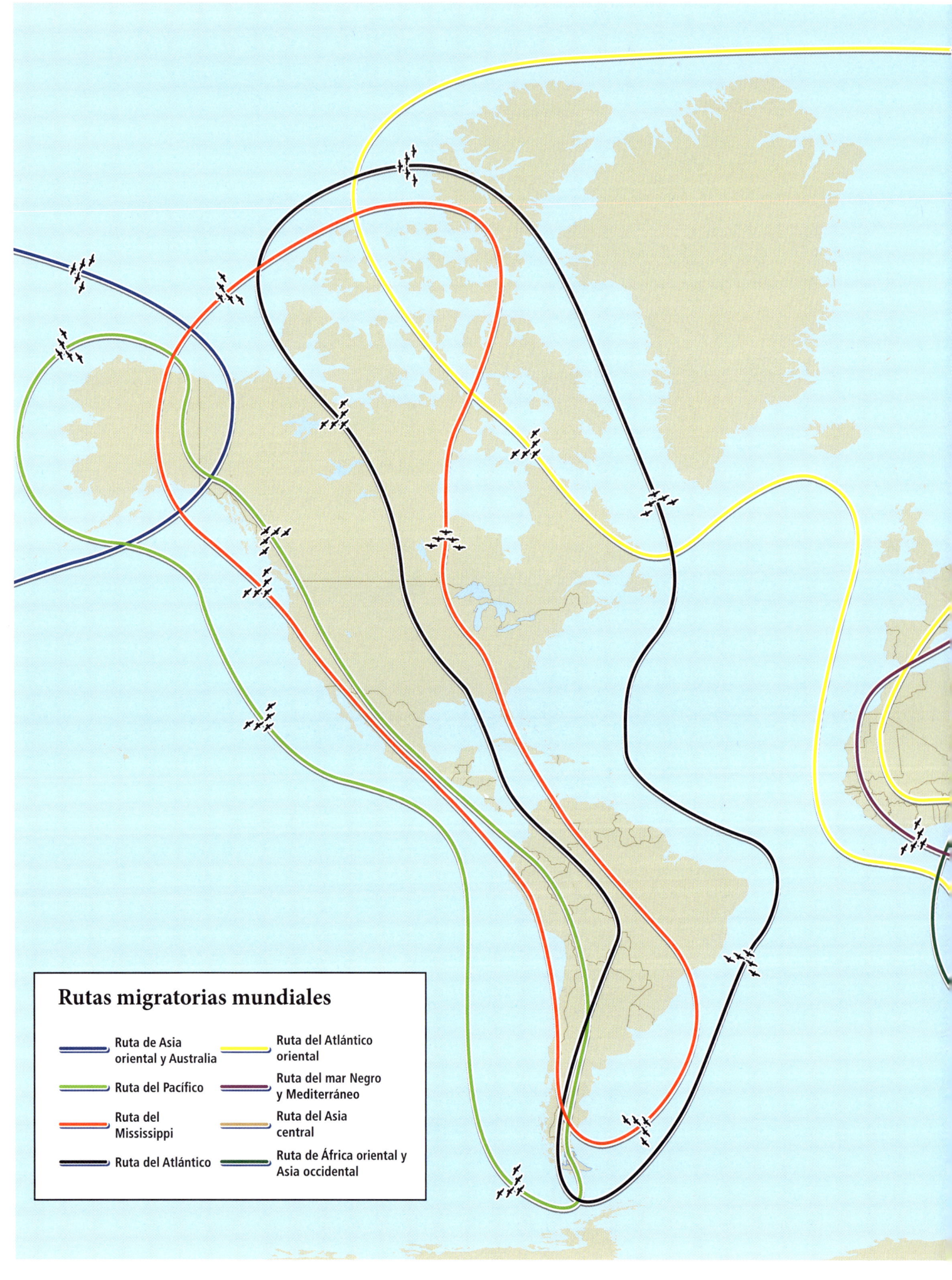

Rutas migratorias mundiales

- Ruta de Asia oriental y Australia
- Ruta del Pacífico
- Ruta del Mississippi
- Ruta del Atlántico
- Ruta del Atlántico oriental
- Ruta del mar Negro y Mediterráneo
- Ruta del Asia central
- Ruta de África oriental y Asia occidental

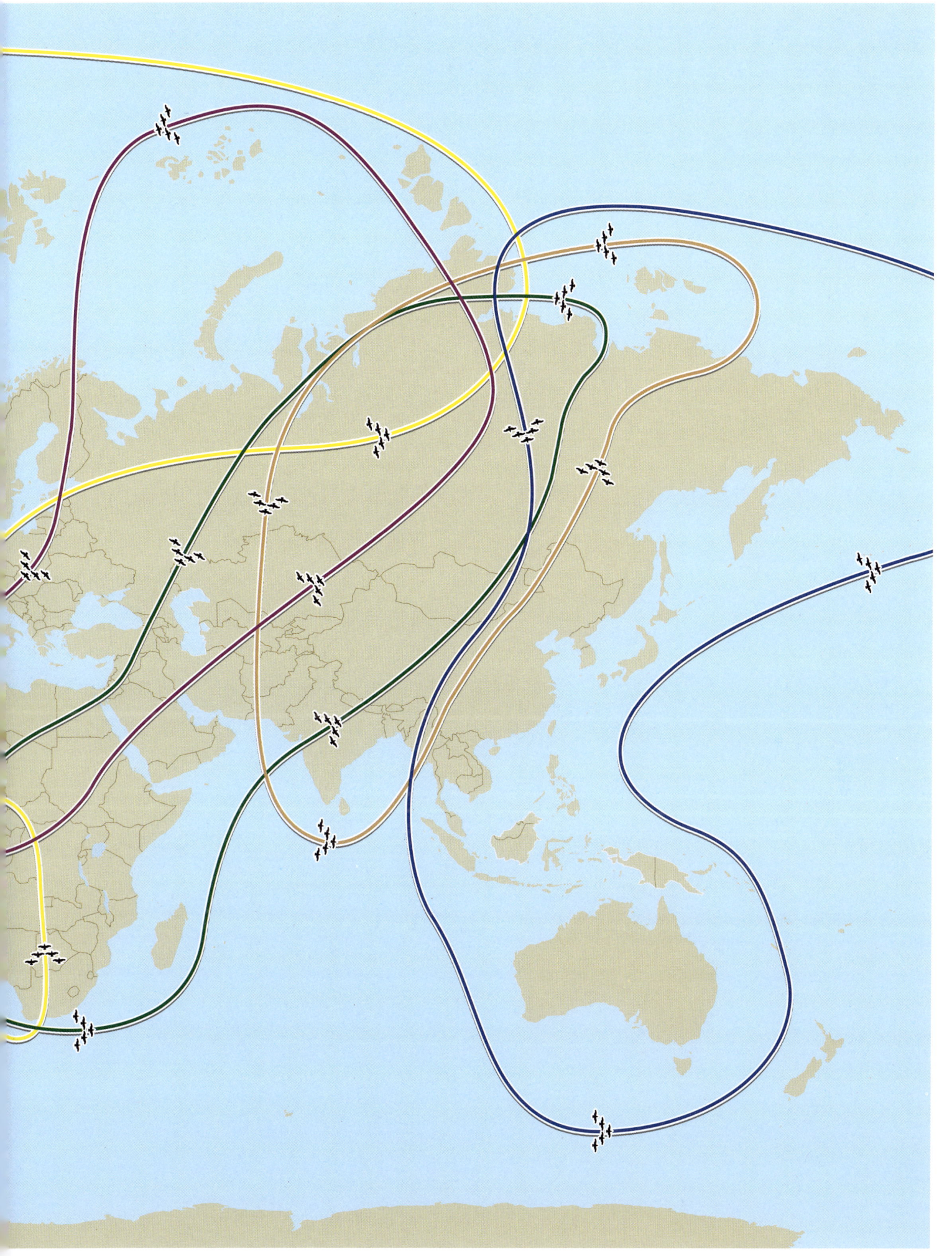

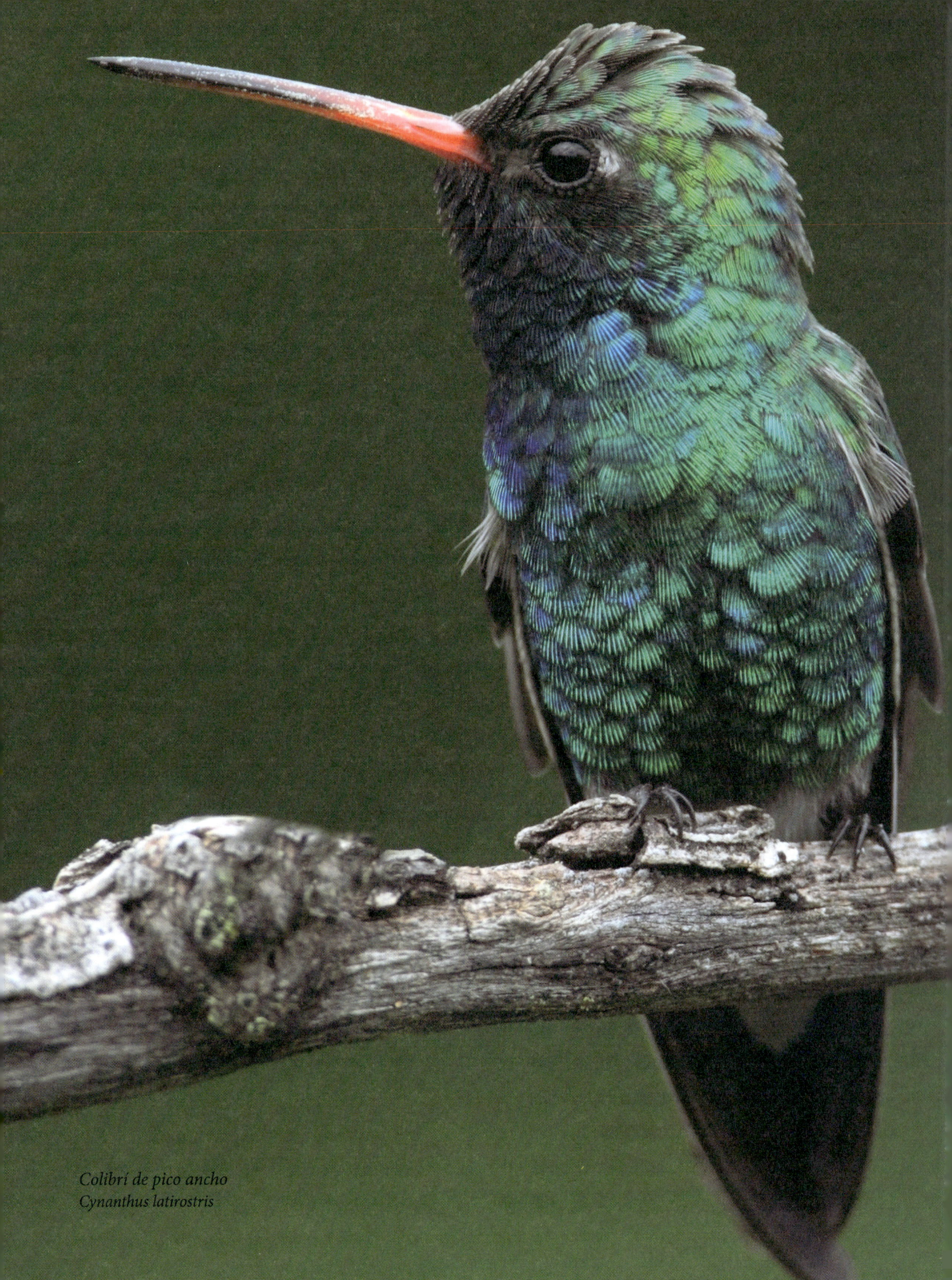

Colibrí de pico ancho
Cynanthus latirostris